大魚讀品
BIG FISH BOOKS

让日常阅读成为砍向我们内心冰封大海的斧头。

无薪主妇

以爱为名的剥削

的剥削

[日]上野千鹤子——著 吕灵芝——译

北京联合出版公司
Beijing United Publishing Co.,Ltd.

上野千鹤子

我想创造一个让任何人都能
安心当弱者的社会

本书为 2021 年 3 月播放的《最后的讲义：上野千鹤子》(NHK) 节目（邀请了站在学术最前沿的多位专家，以"如果今天就是最后一课，你会讲述什么"为题，对学生开办课程，并录制成节目）整理而成，成书时收录了播放内容及剪辑过程中被删减的部分，更请作者添加了部分内容，由其执笔修订，汇集成完整版。

目录

照护是什么？由谁来护理？
——选择"护理"作为"研究对象"

女性主义思想追求的是弱者也能得到尊重的社会

上野研讨会与 10 位学生对谈

最后的讲义　上野千鹤子

我的原点是
"主妇研究"

———

主妇是什么？她们做什么？

身为"主妇研究者"的原点

大家好，在新冠肺炎疫情横行之际，很感谢各位专程亲临会场。因为疫情，要在听讲者寥寥无几的会场里发言，真让人感到悲哀。不过我也很期待能够认真地回答每一个人的问题。《最后的讲义》听起来有点儿不吉利呢，像是在说这个节目录完了赶紧去死一样。

我做梦都没想到会有人要求我做这种事，不过既然是以"最后一课"为题，我就来回顾一下自己做过的事情吧。

非常感谢主办方创造了这么难得的机会。

我为今天准备的讲义题目是《父权制[1]与资本主义——

---

1. 父权制：男性家长拥有所有权力、统率家庭成员的家庭形态。

解析再生产的分配问题》。

我也算是高龄人士了，今天想给大家讲讲自己这半个世纪来做过的事情，那些事情如何关联到了现在，而现在又面临着什么样的问题。

我的原点是"主妇研究者"。所谓主妇研究者，并非一边当家庭主妇一边做研究，而是以主妇为研究对象的人。

我的"处女丧失作"（这也是一种歧视性表达）是这部研究下三路的《性感女孩大研究》[1]。此外，还有一部比较不为人所知的作品。1982年，30多岁的我凭借《性感女孩大研究》出道，同时还出版了《解读主妇论争·全记录》Ⅰ&Ⅱ[2]。

我自认为一直以来的工作涵盖了下三路和上三路，同时以硬派和软派[3]作为主题。因为只有兼具上半身与下半身才是完整的人类。

1.《性感女孩大研究》：分析了大街小巷随处可见的性感广告，以大胆诙谐的笔触揭露了社会导演的"女性气质"与"男性气质"的实质，广受读者好评。2009年推出文库版（岩波现代文库）。（本书无特别标记处皆为原书注解）
2.《解读主妇论争·全记录》："主妇是什么""主妇解放是什么"。本书汇总了1955年日本第一次主妇论争到20世纪70年代第三次主妇论争的记录，探讨了漫长论争的意义，全两卷，由劲草书房出品。
3.硬派和软派：上野千鹤子的著作兼顾软学术和硬学术，出一本较为通俗的书后，会出一本学术色彩较重的书，她称其为软派和硬派。（编注）

若问我为什么做"主妇研究"，那是因为我的母亲就是家庭主妇。不仅如此，她还是个夫妻关系不好的可怜主妇。父亲独断专行、蛮横霸道，是个脾气特别古怪的妈宝男长子。我从小开始就一直注视着母亲的人生，一想到等自己长大了，身为女人的人生还要跟母亲一样，就觉得"这也太不划算了，我才不要"。

对孩子来说，母亲是他们人生中遇到的第一个强者。可是这么一个强者，每当父亲一出现，就会对他察言观色，百般讨好。于是孩子们学到了，原来强者之上还有强者。我的母亲还是日本北陆三代同居家庭的长子之媳，除丈夫之外，她还有一个支配者，就是性格强势的婆婆。

母亲一辈子都不断抱怨，她的人生在我这个孩子眼中绝对算不上幸福。母亲总对孩子说："要是没有你们，我早就离婚了。"这是母亲绝不能对孩子说的话。因为这句不负责任的话会让孩子产生毫无根据的罪恶感，觉得母亲的不幸全都因为自己。

我开始好奇母亲平时都做些什么，开始思考"主妇是什么？她们做什么？"，便发现这个问题其实非常深奥。

在此之前，日本学界并不存在"主妇研究"。因为主妇乃女性人生的"顶点"。自愿走进婚姻,诞下孩子,成为主妇,这在当时相当于日本中产阶级女性的顶点,也就是模范路线。

母亲在她那一代人中比较特别,是通过自由恋爱挑选的丈夫。我小时候还很同情母亲的抱怨,但是到了青春期,就开始冷静地审视母亲。母亲曾说,因为她是自由恋爱结婚,所以没有办法责怪别人,只能怪自己"没有眼光"。有一天我开始想:妈妈,就算你换一个丈夫,也无法改变自身的不幸哦。因为我觉得,母亲的不幸并不是配对的问题,而是母亲所深陷的结构性问题。其实我的父亲和母亲既不是特别坏的人,也不是特别善良的人,都是很普通的日本百姓而已。

结果我始终没有结婚,没有成为主妇,一直走在"单身贵族"的人生道路上。(笑)

在"妇女问题论"中带入"女性学"

将女性学[1]介绍到日本的井上辉子[2]对"女性学"做出了这样的定义:"它是女性的、源自女性的、为女性存在的学术研究。"来自美国的"女性学"刚登场时,女性研究的前辈都没有给予好脸色。因为在"女性学"以前,已经存在"妇女问题论"这一研究领域。

然而女性前辈们并未发现,"女性学"与"妇女问题论"

1. 女性学:从女性的视角重组并研究男性视角的既存学术的学术领域,源自20世纪60年代后半期美国女性解放运动。日本女性学由井上辉子开创,20世纪70年代末开始出现在学术研讨会和研究会中。
2. 井上辉子(Inoue Teruko,1942—2021):社会学家、女性学家。1974年在和光大学负责女性学讲座。是将女性学引进日本的先驱,著有《欢迎来到新·女性学》等。

之间其实发生了很大的范式转移[1]。

妇女问题论研究的是什么?

"妇女问题",文如其义,是"妇女的问题",或"妇女有问题"。妇女问题论属于社会问题论的分支,也就是社会病理学的一部分。妇女问题论的研究对象是"问题妇女"。

"问题妇女",指的是在红线地带[2]工作的女性的改造问题,或者女性劳动者的生育障碍问题。从事性产业的女性和在工厂劳动的女性,在女性之中都是"非标"的特殊存在。曾经有个时代,"职业妇女"是对"不工作就活不下去的可怜女人"的蔑称。妇女问题论如文字所述,做的是对遭受问题的妇女的研究。

这时,我们开创了名为"女性学"的研究领域。二者之间有什么不同呢?其实是范式的不同。"女性不是问题,反倒是社会让女性遭受了问题。"这一范式的转换,从社会病理学转换到了社会结构论。

顺便再讲讲从"妇女"到"女性"的转换吧。"妇女"没

1. 范式转移:指一个领域里出现新的学术成果,打破了原有的假设或者法则,从而迫使人们对本学科的很多基本理论做出根本性的修正。(编注)
2. 红线地带:指得到日本政府批准,可以从事卖春活动的特殊餐饮店的集中地带。1958 年"卖春防止法"实施后废除。

有与之配对的词，顶多能配一个"公子"。妇女之"妇"乃是女人持扫帚的象形文字。1975 年为国际妇女年，联合国在《消除对妇女一切形式歧视公约》中倡导"消除固有的基于性别而分的一切做法"，于是开始有人认为"女性做家务"的固有观念不合理，渐渐地不再使用"妇女"一词，取而代之的是"女性／男性"这一对词，"国际妇女年"这一日语翻译后来也改成了"国际女性年"。

到了这个时候，主妇人群才开始成为被研究的对象。因为结婚成为主妇是女性的"成规"，此前谁也不认为主妇有"问题"。

1977 年，国际妇女大会（现更名为"International Society for Gender Studies"，即"国际性别研究学会"）召开时，原弘子[1] 提出了"推动主妇研究"。记录了这次大会的《女性学入门》[2]，还收录了民俗学家濑川清子[3] 里程碑式的演讲《日本女性之百年 —— 围绕主妇的称呼》。我的主妇研究便是为了呼

---

1. 原弘子（Hara Hiroko，1934—2019）：文化人类学家、性别研究者。御茶水女子大学名誉教授。
2.《女性学入门》：1977 年国际妇女大会的记录。由岩男寿美子、原弘子编著，1979 年出版，讲谈社现代新书。
3. 濑川清子（Segawa Kiyoko，1895—1984）：民俗学家，师从柳田国男。从女性的视角调查研究女性的生活与文化。

应这场演讲。由此可见，主妇研究的历史其实很短。

1973 年，伊藤雅子在《主妇与女人》[1]中这样写道：

> 我认为主妇的问题是思考女人问题时的一个基点。只要世人认为主妇是女人应有的姿态，是女人幸福的象征，那么不只目前是主妇的女人，那些尚不是主妇、不打算成为主妇、无法成为主妇、曾经是主妇的女人，都将无法逃脱"主妇"这个很难说是好是坏的称谓而获得自由。至少，多数女性应该不会根据自身与主妇的距离来衡量自己。

伊藤曾是东京都郊外的国立市公民馆[2]职员，1965 年创办了日本第一个附带托儿设施的研讨会，因此闻名。

主妇是什么？她们做什么？带着这个问题展开研究，我

1.《主妇与女人》：副标题为"国立市公民馆市民大学研讨会记录"。在东京都国立市的市民大学研讨会上，25 名主妇围绕"主妇与养老、主妇与职业、主妇与丈夫的关系、生儿育女"这四个主题展开了研讨。1973 年出版。
2. 公民馆：指的是日本在"二战"后全国范围内建立的社会教育和文化活动设施。（编注）

发现它非常深奥。后来，我用 10 年写了一本书，那就是《父权制与资本主义》[1]。那是 1990 年出版的书籍，如今已经过去 30 多年，并在 2009 年推出了文库版 [2]。

在"男女的定型任务"中，存在着"男主外、女主内""私作る人、僕食べる人"[3] 这样的性别分工。为何女性的任务一定就是家务、育儿和护理？什么时候开始的？究竟有什么用？……研究这些问题时，我有了许多发现。原来，"主妇"的历史竟然很短。我出版这本书后，有种耗费 10 年终于完成了为母复仇之战的感觉。

耗时 10 年的大作一辈子出不了几本，而我在 60 岁之后，才终于又写出一本《照护的社会学》[4]。

1.《父权制与资本主义》：副标题为"马克思主义女性主义的地平线"。探讨女性的压抑来自何处。着眼于主妇与家务劳动，痛快地解析了现代资本主义社会固有的女性压抑结构。2009 年推出文库版（岩波现代文库）。
2. 文库版：文库版书籍，是日本一种廉价且便于携带，以普及为目的的小开本出版形式。（编注）
3. 私作る人、僕食べる人：这是 1975 年播放的方便面广告词，句中用女性的日语第一人称"私"代表做饭的人，用男性的日语第一人称"僕"代表吃饭的人，因带有严重的性别歧视色彩遭到女性团体抗议，称其"固化性别分工"。广告播出约两个月后停播。
4.《照护的社会学》：副标题为"走向当事者主权的福利社会"。探讨了超高龄社会的互助思想实践，以及护理现场的当事者主权是什么。站在"被照护者"的视角展开话题。篇幅超过 500 页的大作。2011 年由太田出版社推出。

我现在的研究主题是高龄者照护，很多人就问："上野老师，你不再研究女性问题，转而去研究照护问题了吗？"其实不是。这半个世纪以来，我自认为一直在追求同一个主题。

　　从主妇研究到照护研究……今天我就要好好讲讲，为什么"我自认为一直在追求同一个主题"。

第
一
章

《父权制与资本主义》
——
从马克思主义女性主义的立场
探讨女性被歧视的根源

身在市场外围的人，女性被歧视的根源

　　图 1 是我在《父权制与资本主义》中展示的一个模型。人们从事经济活动的市场其实并不是封闭的。市场并非一个封闭系统，而是开放系统。市场存在着外围，用于获得投入、排放产出。其中一种外围，就是自然。

　　1972 年，民间智囊团罗马俱乐部（Club of Rome）[1] 提交了一份名为《增长的极限》的报告，在针对包含地球温室效应的近未来预测中发出了"自然存在极限"的警告。

　　历史发展至现代，煤炭、石油等化石能源不断从外围投

1. 罗马俱乐部：由科学家、经济学家、教育家、经营者等组成的民间研究组织。《增长的极限》针对人类危机发出了警告，称人口增加将导致粮食不足、环境污染和自然资源枯竭等问题。

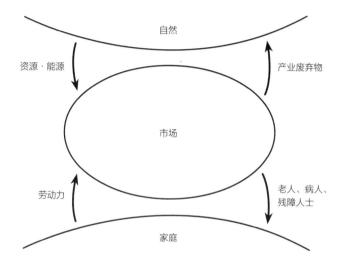

图 1 "市场・自然・家庭"
［出处:《父权制与资本主义》(2009) 岩波现代文库］

入市场。与此同时，市场也在不断向外围排出产业废弃物。当时的人们都以为资源和能源是无穷无尽的，而自然也具有无限的净化能力去处理产业垃圾。如今我们已经知道，资源和能源终有枯竭之日，自然的净化能力也存在极限。20 世纪60 年代便是水俣病[1] 等环境破坏与公害问题浮出水面的时代。

罗马俱乐部的报告敲响了市场外围的自然存在极限的警钟，但市场还存在另一个外围。那个外围向市场输送劳动力，也就是人力资源，同时接收市场释放的不能再成为劳动力的人。我将其称为家庭。

正如提供资源能源、处理废弃物的自然并非无穷无尽，即便是家庭也不能无穷无尽地生产人力，更不能无限度地接收市场"排放"的老人、病人和残障人士，为其提供照护。

这两个外围表面上是看不见的，你们是否也已经遗忘了市场存在着自然和家庭这两种外围？这就是我在书中阐述的内容。都说经济学是社会科学之王，而它只是把市场假设成了一个封闭系统，根据有限的变数进行模拟现实的计算，乍一看好像很有道理。如果再加上来自外围的非经济变数，那

1. 水俣病：熊本市水俣市的氮肥工厂排出的甲基汞废水在当地水生生物中沉积，食用了那些水产品的居民出现中毒症状，于 1956 年被正式确认。

就毫无办法了。像新冠肺炎疫情这种不可预测的变数便是如此。

图2是在人类从诞生到死亡的时间轨迹上添加了市场与家庭的模型。始于诞生后的儿童时期，男性与女性得到了同样的养育，但是成年以后，男女的人生轨迹就发生了分裂。

我把男人加入的市场称为"产业军事型社会"，男人就是其战斗力，也就是经济战争中的士兵。与此同时，女人则被分配了另一个任务——停留在外围的家庭中生育士兵，将其送上战场的后方。

其后，市场还会将派不上用场的人，以及病人和残障人士送回家庭。说句很不好听的话，在战场上派不上用场的士兵都成了废卒。到年龄退休的人则是退伍士兵。当时，我给退休男性冠上了一个称呼，叫作"（人类）产业废弃物"。

现在回想起来，那真是个缺乏同情心的冷血表达。在同一时期，樋口惠子[1]则把回归家庭中的高龄男性称为"打湿的落叶"。"打湿的落叶"与"产业废弃物"相比，显然是"产

---

1. 樋口惠子（Higuchi Keiko，1932—　）：评论家；东京家政大学名誉教授，为护理保险制度的创建做出了贡献；"改善高龄社会女性协会"理事长。著有《沉重的老年》《老年的福袋》等。

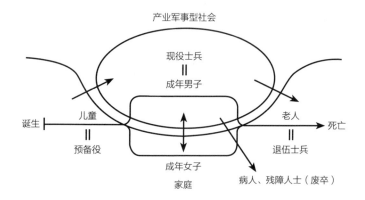

图 2 "产业军事型社会，从诞生到死亡"

业废弃物"更无情，但是在这个模型中，被排放到自然的产业废弃物与被排放到家庭的无用人力理论上占据了相同的位置，因此我这么称呼也是有根据的。在市场中，只有能派上用场、能被使用的人才能以劳动力的身份得到肯定，这点直到现在都没有改变。

在家庭中，孩子是被珍视的对象。因为他们是未来将要派上用场的产业士兵预备役。假如教育是为了在产业军事型社会旗开得胜的人力资本投资，那么家长更愿意投资给未来可成为士兵的儿子，而没有理由投资给女儿。高等教育投资的性别差异在这里就得到了解释。从照护孩子到照护病人、残障人士和高龄者，包揽了这些工作的人便是家庭里的女性。

产业社会就是这样的结构，正因为有了根基的支撑，产业社会才得以成立。我专门做了这么简单明了的图示，就是为了让人们别忘记这点。同时，我也指出了女性被歧视的根源就在这里。

我现在仍记得，出版《父权制与资本主义》时，一个大叔学者走过来说："哎呀，看了上野老师的书，我才发现家里老婆总是满口怨言呢。"我当时心想：你这蠢货，在读我的书之前你就应该倾听老婆的话。

我做的事情就是把女人面临的问题翻译成"大叔语"。学术的话语都是由大叔语组成的。走进学术世界的女性必须习得大叔语。虽然有时候会适得其反，但我们也能用大叔语狠狠戳中大叔的痛处。印度出身的女性主义者佳亚特里·C.斯皮瓦克[1]用一句很棒的话表达了这种行为，称其为"用敌人的武器与之战斗"。我一直称自己为大叔语和女性语的"双语使用者"（Bilingual）。因为跟大叔只能用大叔语沟通。

　　我不厌其烦地再三论证、展示并分析数据，就是为了告诉他们：社会上存在着这样的机制，你们全都高枕无忧地躺在上面，别给我忘了。

1.佳亚特里·C.斯皮瓦克（Gayatri C.Spivak, 1942—　）：出生于印度，20世纪60年代赴美。哥伦比亚大学教授、评论家。著有《底层人能说话吗？》《后殖民主义思想》等。

作为照护性别的女性，
家务是无偿劳动

我在《父权制与资本主义》的最后一段这样写道：

> 最后……为何人类孕育生命和为其送终的劳动（也
> 称再生产劳动或照护劳动）被置于其他一切劳动的低
> 位，这是一个根源性的问题。在解决这个问题之前，女
> 性主义的课题将永无终结之日。

只要解开了女性为何是"照护性别"之谜，不说百分之
百，至少绝大部分女性的问题就能得到解答。若问我们的女
性学和社会性别研究是做什么的，那就是与这个问题搏斗。

女性学是将女性的经验文字化、理论化的学术。我对日
本女性学的贡献就是引进了"家务乃是无薪劳动"的定义。

"无薪劳动"在英语中被称为"unpaid work",这一概念包含两层意思:第一,"家务也是劳动";第二,它还是一种"得不到应得报酬的劳动"。

有一批人最先跳起来反对这个概念,那就是现役的家庭主妇。她们坚称:"我做的事都是出于爱,那是无价的行为,不能简单换算成金钱。"

定义一种行为是否属于劳动,其实有个非常简单的标准。这个标准叫作"第三方评价标准",取决于某行为能否转移给第三方。

人类为了维持自身的生命,一些活动是他人无法替代的。比如排泄和进食。这种活动不能因为现在有点儿忙抽不开身而找他人代劳。这些虽然是他人不能代劳的活动,但育儿工作几乎都是可以找他人代劳的,甚至哺乳都可以找乳母代劳。人们一直认为怀孕和分娩不能由他人代劳,但是 30 年过去,我们已经走进连怀孕都能请人代劳的时代。[1]

能够转移给第三方的活动就是劳动。如此一来,大部分

---

1. 在我国代孕是完全禁止的,国家卫生部于 2001 年发布施行的《人类辅助生殖技术管理办法》第三条规定:"禁止以任何形式买卖配子、合子、胚胎。医疗机构和医务人员不得实施任何形式的代孕技术。"(编注)

家务都是劳动。而且它还是被隔绝在市场之外，得不到相应报酬的劳动。后来，联合国要求各国计算家庭内部的无薪劳动价值几何。其结果就是，日本政府的统计也发生了改变。现在政府统计劳动时间使用的术语变成了"无偿劳动""无收入劳动""无报酬劳动"等等。它们的英文都是"unpaid work"，其直译正是"无薪劳动"。

我向来坚持使用"无薪劳动"。因为相比"无收入劳动"和"无报酬劳动"，"无薪劳动"更气人。（笑）也就是说，这个说法能激起人们的愤慨和不满。所谓概念，就有这样的力量。

应1995年举办的北京世界妇女大会要求，1996年，经济企划厅（现内阁府）给出了一份"你的家务劳动有多少价值"的报告。平均来说，家庭主妇的家务劳动价值换算成年薪竟高达276万日元。当然，如果家中有新生儿或需要密切看护的老人，其评估额度还会上升。

如果年薪有276万日元，你愿意做家庭主妇吗？这个薪资水平也许比家庭外部从事非正式雇佣劳动的人更高，可是，谁来支付它呢？有哪个男人会向妻子支付如此高昂的薪水？现在日本男性的平均年收入为400万日元，向妻子支付了那笔钱，自己就活不下去了。而且即使丈夫失业，妻子的家务劳动负担也不会发生变化。所以问题还在于这种价值的计算方法是否合适。

对此，除了家庭主妇，连许多大叔也跳出来声称家务是不能换算为金钱的神圣爱心之举了。他们鼓吹"妻子是家庭的共同经营者""夫人是大藏大臣[1]"，要求女性为此感到骄傲。我要重复强调，这种想法的最大得益者是男性。

无薪劳动论登场时遭到极大反对，其声浪主要来自两个方向。

首先是刚才提到的家庭主妇的反对。为其加油助威的保守派大叔趁机起哄，不断煽动主妇，鼓吹主妇的工作很有价值。如果那真是"很有价值的工作"，你们怎么不自己做呢？

还有一种，就是宏观经济学家的反对。他们这样说：

"家务不是劳动。"

他们还说，把家务当劳动，是因为对经济学一无所知。

当时，主妇被称为"包三餐带午觉"的工作。但实际上，她们从早到晚忙个不停，一天下来筋疲力尽。可是女性只要开口抱怨，他们就会这样说：

"我可以承认家务是必不可少的劳动，但那也是不能产出价值的非生产性劳动。"

1. 大藏大臣：指日本财务大臣。（编注）

因为加入家务劳动论争的经济学家们片面地认为："将马克思理论应用到家务劳动上，就是这样的。（家务不是生产劳动，就算产生了价值，也只是使用价值，而非交换价值）。"

如果理论无法解释经验，
理论就是错的

　　当时在经济学领域，马克思就像上帝一样。《资本论》相当于《圣经》，一字一句都不能改动，而且每一句话都要进行严密的解释。

　　那些被驳斥"你们对经济学一无所知"的女性却这样想：可是我真的很累，这到底是为什么？正如日心说被否定的哥白尼，她们咽下了"地球就是在转"的反驳，选择了隐忍。但女性主义者并没有就此沉默。

　　一方有理论，一方有经验。如果理论不能解释经验，那么理论和经验究竟孰对孰错？经验不可能是错的。所以，无法解释经验的理论就是错的。

　　我自称"马克思主义的女性主义者"。只要这么一说，马上就有人觉得我很喜欢马克思。但是请等一等。马克思主义的女性主义者并不是"忠实于马克思的女性主义者",而是"向马克思发起挑战的女性主义者"。

马克思主义的女性主义者之一海蒂·I.哈特曼[1]曾在著作《马克思主义与女性主义的不幸婚姻》[2]这本书中明确批判道:"马克思主义的范畴,就像资本本身一样,都是性别盲目的。"("Marxist categories, like capital itself, are sex-blind.",马克思主义理论没有涉及对家庭和家务劳动的分析,人们以此为依据,认为"马克思主义对性别是盲目的"。即没有看到女性的问题)在马克思形同上帝的时代,女性主义者照样给出了辛辣的批判。所以只靠马克思的理论无法解决女性问题。要解决女性问题,只能引进别的理论。那就是父权制理论。

在同一个时代,除了我还有许多女性在思考同样的问题。我从那些人身上学到了很多,为《父权制与资本主义》打下了理论基础。

我要给大家看一个东西。2020年10月,你们都经历过

---

1. 海蒂·I.哈特曼(Heidi I. Hartmann,1946—   ):美国经济学家,马克思主义的女性主义者。1987年创建"女性政策研究所",担任其所长。
2.《马克思主义与女性主义的不幸婚姻》:莉迪亚·萨金特编,田中和子译。探讨了父权制、资本主义、社会性女性主义是什么。记录了1981年海蒂·哈特曼不断参与的论争。1991年出版。

"国情调查"[1]对不对？图3就是国情调查问卷的一部分。

国情调查里有一条提问是："9月24日到30日，你是否工作过？"回答的选项有"做了工作的人"和"完全没有做工作的人"，而"完全没有做工作的人"底下有一个次级选项是"家务"。

国情调查把"做家务的人"归入了"完全没有做工作的人"这一项。你们不觉得扯淡吗？

有人针对国情调查的问卷发出强烈的批判。我至今仍记得，1985年《朝日新闻》的读者投稿中有这么一条："家务也算工作不是吗？看见国情调查的这个项目，我的妻子很生气。——50岁公司职员"。

《朝日新闻》把目光聚焦在这则投稿上，拿出报纸版面做了个特辑。当时负责国情调查的政府部门是总务厅（现总务省）统计局，报社向其咨询后，得到了极为冷淡的回答："自

---

1. 国情调查：日本政府按照法律在既定的期限内对日本国内人口、家庭结构、就业情况展开的调查。1920年第一次调查实施后，每10年实施一次正式调查，每5年实施一次简略调查。

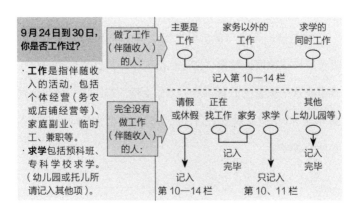

图3 "国情调查——家务不算工作吗?"
（出处：总务省统计局，令和２年国情调查问卷节选）

1920 年开展第一次国情调查起，一直使用同样的问卷，无法进行改动。"

直至现在，国情调查还在用同样的问卷内容，而一般来说，为了观察长期变化，不能对项目做出改动。

只不过，那位"妻子很生气"的"50 岁公司职员"的妻子应该很愤慨，觉得"家务也是工作，我也是劳动妇女"。难道我这个家庭主妇就不算"工作女性"吗？这个疑问直到 20 世纪 80 年代才崭露头角，而当时正是无薪劳动论在日本普及的高峰期。

常识会改变，社会会改变 ——
30 年后的《逃避虽可耻但有用》

如今过去了 30 年。我看了最近很热门的电视剧《逃避虽可耻但有用》[1]，不禁大吃一惊。故事讲的是不擅长做家务的公司职员津崎平匡请了有硕士文凭却找不到工作的森山实栗给自己做家政。某个时期，平匡的公司经营不好，他可能无法向实栗支付家政费用。于是平匡想了个绝妙的主意，要跟实栗结婚。只要结了婚，以后就再也不用出家政费了。对此，实栗毫不客气地拒绝道："爱情是一种压榨。"

看到那个情节，我甚为感慨——原来过了 30 年，当时

1.《逃避虽可耻但有用》：2016 年播出的日本电视剧。改编自海野纲弥的同名漫画，由野木亚纪子担任编剧。故事涉及了"合同婚姻"和"家务的经济价值"等社会问题，引起观众热议。2021 年 1 月上映了主人公婚后生活的新春特别篇。

的"无理取闹"已经变成"常识"了呀。

那一刻我最先想到的是第一次主妇论争[1]时期，当时名气极大的经济学家都留重人[2]在1959年所写的论文《现代主妇论》。因为实在太有趣了，我在这里引用一段。

> 假设我是单身人士。单身男人难以处理日常家务，便想请一个女佣。假如我给她开5000日元的月薪，她的年收入就是6万日元，可以被堂堂正正地算入日本国民总收入之中。再假设我给女佣的实物薪酬（伙食费、住宿费等）约为每年6万日元，那么她的全年实际收入就是12万日元。

"女佣"这个词在今天已经是歧视用语，但这是他在当时的历史背景下正常使用的词语，因此我保留了原文。当时有不少男人因为没了妻子而生活不便，转而跟家里的女佣结婚。

1. 第一次主妇论争：1955年因石垣绫子发表在日本《妇人公论》上的《主妇第二职业论》而引发的论争。（译者注）
2. 都留重人（Tsuru Shigeto，1912—2006）：世界知名经济学家，原一桥大学校长。1935年哈佛大学毕业后留校任教，1942年回国，1947年执笔第1版《经济白皮书》。

再引用一段。

假设某年元旦，我跟那个女佣结婚了。她每天做的事情跟去年一样，还是打扫房子、洗衣做饭、照顾我的生活，但我不会再向她支付薪酬。如此一来，从我跟女佣结婚那年开始，日本国民总收入就少了 12 万日元。我只是跟我的女佣结了婚，国民总收入就减少了 12 万日元，这正常吗？

这番论述特别简单明了，甚至比马克思主义女性主义先行一步。然而，都留重人的论点虽然极具挑战性，但可能因为属于少数派，在当时被所有人忽略了。我看到《逃避虽可耻但有用》的瞬间，忍不住猜测这部电视剧的编剧是不是看过都留重人的论文。她应该没看过吧。但是过了半个世纪，"常识"本身已经发生了改变。

现在这个时代，家务已经理所当然地成了伴随价值的劳动，甚至还能成为热门电视剧的话题了。

"单机育儿"[1]这个词出现时，我的感动不亚于看到《逃避虽可耻但有用》。单机就是单人操作，指一个人操持所有工作。这个词还表达了工作负担的沉重及伴随而来的压抑和不安。也就是说，这个概念的内涵在于批判这一现象。在女人独自操持家务和育儿工作，并被认为理所当然的时代，"单机育儿"这种词是不存在的。

这些用语之所以终于能登场，多亏了"女人独自承担育儿工作绝对不正常"的认知普及。最近的年轻妻子一听丈夫说"我帮你带孩子"就会爆炸。也许有人会莫名其妙地问："为什么？"孩子明明是两个人制造的，一方说"帮忙"难免有推卸责任之嫌。不客气地说，如果连妻子愤怒的根源都无法理解，那个人就没有做丈夫的资格。

家务、育儿、护理都被称为"看不见的劳动"或"Shadow Work"（影子劳动）。现在，这些劳动正在"可视化"，正确评估"妻子贡献"的离婚财产分配和养老金分配，以及贡献值继承的相关法律和制度正在成形。

我感慨："还是长命百岁好啊。社会真的在变化呢。"

---

1. 单机育儿（ワンオペ育児）：为配合下文解说而保留了日语原义，中文自行发展出的对应词语为"丧偶式育儿"。（译者注）

市场有外围，
市场依赖于外围

马克思主义女性主义有项理论发现，市场其实存在着名为家庭的外围。市场乍一看是自成一体的，实际上则依赖于那个外围。

尽管如此，现代法学却以"社会建立在由拥有自由意志的独立个人构成的主权主体的基础上"的假说为前提。民法与合同法都是基于该前提制定的法律。所谓假说，就是无法证明，但"约定"了"就是这样"的说法。然而，针对"拥有自由意志的独立主体"，女权主义提出了"等等，是骗人的吧"的质疑。

市场上那些自诩独当一面的玩家，其实都依存于市场外围的自然和家庭。女权主义提出的质疑就是：你们难道忘记了这个事实吗？

有句话叫"Like a single"（仿佛一个孤单的人），男人一旦走出家庭，就真的像个孤单的人，仿佛没有了家人和孩子，没有了任何家务、育儿的负担。然而背负着家庭责任的劳动者，也就是女性，则要在上班的午休时间思考"今天晚饭做什么"，要回忆冰箱里的储备，趁着休息时间买好食材。这些人都被称作"恋家劳动者"，可是那些一出门就丝毫不用思考家中事务、让人很想质问这种奢侈究竟从何而来的男人，却被视作独当一面的劳动者。

政治思想研究者冈野八代[1]将其称为"忘却的政治"。被忘却的东西是"依存"。她指出，构成现代自由主义法学根基的独立个人不过是虚构的存在罢了。它建立在忘却了一个重要事实的基础之上，那就是忘却了自己也"依存"于一个家庭，而那个家庭实际还包括了无法自立的成员。可见，现在已经有人从社会性别研究的角度对现代自由主义进行了根本性的批判。

1. 冈野八代（Okano Yayo，1967—　）：政治学家，同志社大学教授。专攻政治思想、女性主义思想。著有《女性主义的政治学》等。

让社会可持续的生命的生产
与再生产

市场外围存在着什么样的活动？

市场内部发生的是物品（资本、服务）的生产与流通，其交换过程需要支付相应的代价，这就叫有薪劳动。市场外围发生的是生命的生产与再生产。简单来说，就是孕育生命、送走生命的劳动。只要这种劳动发生在家庭内部，就是不伴随支付的无薪劳动。

一个社会的可持续发展必须同时具备物品的生产与再生产和生命的生产与再生产（最近，"再生产"已经成为特指"生命的生产"的词，以下将遵从这一用法）。生命的再生产主要由女性进行。生产是男性的任务，再生产是女性的任务，这就叫作性别分工。

马克思的《资本论》几乎没有提及生命的再生产。其中有这么一段话：

> 资本可以放心地把人的再生产寄托于劳动者的本能之上。

也就是说，劳动者会在鸡笼一样的房子里疯狂交配大量制造小孩，资本家无须担心劳动力的再生产问题。马克思写下这句话的时间是 19 世纪。

从世界史角度来看，19 世纪是人口爆发式增长的时期。女性一生的平均生育人数为 5 人，甚至还有生了 9 个、10 个孩子的女性。那样的时代早已过去了，现在的女性一辈子顶多生两个孩子。

马克思之所以不考虑人的再生产，是因为他所处的时代。他也是受到时代制约的一个人，现在回想起来，马克思主义果真是诞生在 19 世纪的思想。

他的《资本论》中还有一句关于"生命的再生产"的犀利评价。

> 生殖就是生产他人。

这句话说得太妙了。如果能有这样的认知，家长就不会把孩子当成自己的所有物，并且试图去掌控他们了。

社会的存续需要生产与再生产，也就是物品的生产与生命的再生产。那么，这个生产与再生产又被放在了什么样的系统中？在我们的社会，物品的生产被安排在了资本主义市场之中，生命的再生产被安排在了名为家庭的父权制之下。

父权制与资本主义是不同的系统，因此要分开看待。然而，二者又是相互依存的关系，有时会彼此对立，有时又会联手合作。对历史进行研究，就会发现二者的关系是存在变化的。

工业革命[1]初期，资本主义侵蚀了父权制。父权制的出现早于资本主义，因此资本主义登场时，父权制被动摇了。社会发生变动时，社会主流的既得利益集团往往变化速度更慢，而其周边的女性或年轻人则会更快发生变化。

工业革命兴起之时，被动员成为工厂劳动力的人群是女

1. 工业革命：18世纪后半期在英国兴起的由于生产技术创新导致的工厂生产改革，以及随之而来的经济、社会结构改革。19世纪扩散到欧洲各国，确立了现代资本主义。

人与孩子。因为孩子也能完成简单的劳动，所以当时儿童受到了长时间的压榨。女性工厂劳动者被称为女工。在日本，《女工哀史》[1]非常有名，而初期的女性工厂劳动者多为已婚的通勤女工。即使她们是被父母或丈夫要求出来劳动的，能赚钱的女性依旧有了更强的发言权。如此一来，父权或夫权就相对削弱了。

于是在工业革命的初期，父权制完成了对资本主义的第一次妥协。我们将其称为维多利亚王朝的妥协。在这一时期，首次制定了将劳动时间限制在 10 个小时的法律。此前每天被迫劳动 12 个小时甚至 14 个小时的劳动者现在每天最多只能劳动 10 个小时。虽然 10 个小时还是很长。除此之外，政府还制定了禁用童工的法律。说白了，就是用一系列规范来禁止儿童劳动、限制女性长时间劳动。

现在，14 岁以下的儿童依旧被禁止劳动。我认为，既然禁止 14 岁以下的儿童出门劳动，那么实施禁令的国家就有责

1.《女工哀史》：细井和喜藏所著的纪实文学，于 1925 年出版。书中记录了纺织厂女性劳动者的长时间劳动和被虐待的实际情况。其后，该书名就成了严苛劳动的代名词。

任让 14 岁以下的儿童吃饱穿暖，应该出钱养育 14 岁以下的儿童。

限制劳动时间和禁止儿童劳动乍一看都是福利性的法律。然而，这些法律的效果是将女人与孩子排除在劳动市场之外。取而代之的，就是男性。

初期的已婚通勤女工逐渐被未婚女性取代，她们被集中在工厂宿舍，进行两班倒、三班倒的长时间劳动。因为这样更方便管理。由于机器价格昂贵，不能让其配合人类的作息在夜间闲置，所以资本家就配合机器安排了劳动力，保证机器能够 24 小时运转。

信息革命时代的社会性别差距

后来发生了第二次工业革命，实现了从轻工业向重化学工业的转变。当制造业的重心变为制铁和机器制造，人们开始认为男人更胜任熔炉前的工作，于是制造业逐渐变成了男人的事业。而家用电器这类需要精巧操作的工作，则动员了农村女性来完成。在很长一段时间内，日本规模最大的制造业就是汽车产业，而汽车工厂的人主要是男性劳动者。但是在瑞典沃尔沃公司纳入女性劳动者时，他们所要做的只不过是配合女性的双手大小，缩小工具的尺寸而已。

工厂劳动者并不一定是男性，也没必要将劳动者作为"公司员工"终身雇用，并向其支付"家庭薪水"（确保个人收入能够维持家庭运转的薪资）。甚至没必要给生产力衰减的高龄劳动者支付工龄补贴。资本家本来只需根据劳动者的生产力当场支付相应的薪资，日本企业却采用了劳资协调路线，维持着"男性养家"模式，现在被称作"成员型雇佣"[1]。从经济合理性的角度来说这是非常不合理的，但资本主义就是借其与父权制达成了妥协。这便是第二次妥协。

之后迎来了第三次产业革命，也就是信息革命时代。信息与服务的生产不需要体力和力量，因此在 IT 革命刚兴起时，有人希望经济的软件化能够促成父权制的瓦解。也有女性主义者曾经期待"没有父权制的资本主义"。

信息革命真的消除了性别差异吗？根据实证研究，至少 IT 产业的性别差异并没有被消除，只是完成了性别的重组。即使在尖端的企业，男性也能得到更好的工作，女性只能被分配到不好的工作，形成了"男性分工和女性分工"。

性别、人种、国籍，这些在自由竞争的市场中本来没有任何意义。然而我们都知道，市场为了得到更廉价的劳动力，会不择手段地利用一切可利用的市场外变数。在那些可利用的市场外变数中，也包括了性别。从这个意义上说，资本主

1. 成员型雇佣：雇用人才之后再进行工作分配的雇佣制度，也被称为"日本式雇佣"，被众多日本企业使用至今。与之相对，根据职务进行雇用的制度称为"工作型雇佣"。

义是极难对付的。

在工业革命的影响下，诞生了一种雇佣劳动者及其无业的妻子，即家庭主妇的形式。家庭主妇的登场以职住分离为前提。现在（以著书时间为准）因为新冠肺炎疫情影响下的居家工作，我们得以免去通勤的麻烦，但是要探究我们为何不得不承受通勤高峰期的地狱之苦，原因就在于我们的住处与职场分开，而我们必须在两地之间移动。

现代之前，自己的住处就是生产场所。在那个时代是不存在家庭主妇的。前现代的日本，农业人口占据总人口的80%左右。当时绝对不存在农户家的妻子给丈夫做好便当，自己坐在屋檐下抱着孩子，说着"路上小心"送丈夫出门劳作。农户都是全家出动的劳动集体，不论男女老幼，只要能动弹的人都要下地干活。而那些腰腿不灵便的老头老太，就得在家里照顾孩子。

现代资本主义创造了雇佣劳动者，由于男性独占了这一角色，就产生了待在家里的无业主妇。她们在市场上虽是无业，但也是"要工作的女性"，并非无须工作。因为正如上文所说，家务也是劳动。只不过那是"看不见的劳动"，也是"无薪劳动"。

主妇的劳动价值几许 ——
对 GNP 的贡献程度

如果要将主妇的劳动价值折算成货币，该怎么算？

联合国要求条约会员国合理评估家务劳动对国民经济的贡献。1995 年的世界妇女大会上，联合国要求会员国在国民经济核算体系（System of National Accounts，SNA）[1] 中，以附属核算 [2]（Satellite Accounts，不包含在 GNP 之中，但应该附加经济活动贡献部分）的形式加入无薪劳动项目，并计算这个部分对 GNP 究竟有多大贡献。

1. 国民经济核算体系：体现国家整体经济情况的统计。为能够比较各国的经济情况，根据联合国规定的标准进行核算。日本内阁府会公布每个季度的 GDP 速报和国民经济年度估算结果。

2. 附属核算：一种核算体系，适用于无法按照传统经济核算覆盖到的专业和领域。在联合国规定的国际标准中，附属核算部分包含了无薪劳动（无偿劳动）部分。

对此提出反对的都是发展中国家。因为可以预测，发展中国家市场外围的无薪劳动相对于其市场内部能够换算为薪酬的劳动所占比例要大得多。一旦附加了这一核算，国家的SNA总额就会大幅增加。SNA一旦大幅增加，此前根据GNP水平支付的联合国会费也可能会增加，这正是发展中国家担心的问题。实际正如其名称包含的"Satellite"（人造卫星），那是一项附属的核算，并不会影响原本的GNP，所以发展中国家的担忧都成了杞人忧天。

1996年，日本经济企划厅[1]应联合国要求，以"你的家务价值几何"为标题，计算出了家庭主妇的劳动价值为一年276万日元。这是怎么计算的？要解释这个可能有些烦琐，请耐心往下听。

无薪劳动有三种计算方法，分别是OC法、RC-S法和RC-G法。

OC法是指机会成本法（Opportunity Cost method）。假设把我目前正在做的家务交由别人代劳，我则外出赚钱，我能赚到的钱就相当于我的劳动价值。因此这种方法是按照女性劳动者每小时的平均薪资来进行计算的。

1. 日本经济企划厅：于1955年成立，日本总理府下设的机构之一。（编注）

RC-S 法是指重置成本法的专业替代法（Replacement Cost method, Specialist approach）。将我目前正在做的家务分门别类，做饭交给厨师、洗衣交给洗衣店、打扫交给清扫服务，并计算其总价。

RC-G 法是指重置成本法的一般替代法（Replacement Cost method, Generalist approach），这里说的"Generalist"是指一般业务代理，即把家务工作交给家务全能的家政工或用人，并计算其费用。

用这三种方法计算，最后金额从高到低排序依次是 OC 法 > RC-S 法 > RC-G 法。也就是说，OC 法根据女性劳动者的平均薪资计算价值，RC-S 法根据聘请家务劳动专业人士的费用计算价值，其数值低于女性劳动者的平均薪资。而 RC-G 法计算得出的价值最低，证明了一般业务代理的家务劳动者薪资还要再低一档。

实际上，OC 法和 RC-S 法都没有被采用。因为家庭主妇从事的工作很难称得上专业劳动，顶多只能算半专业，用厨师来举例则相当于见习厨师，因此最终采用了 RC-G 法。换言之，家务劳动被视作了什么人都能做的非专业劳动，被计算出了更低的价值。

这个公式里到处都是陷阱。即使采用了 OC 法，为何不根据包括了男女的全体劳动者平均薪酬进行计算？因为女性劳动者的平均薪酬低于男性劳动者的平均薪酬，所以女性的机会成本也有小于男性机会成本的倾向。如此一来，就会发生不可思议的现象。

欧洲男性的家务劳动时间比日本男性长。譬如欧洲男性从事1小时的家务劳动，用男性劳动者的平均薪资计算他的机会成本，数值就会更高。如此一来，即使是做同样的事情，有时就算男性的家务劳动质量低于女性的家务劳动质量，那个男性的家务劳动对GNP的贡献也会高于女性从事家务劳动的贡献。这难道不奇怪吗？

从这些公式可以看出，即使在市场上，家务劳动者的劳动价值也被严重低估了。

哪怕家务劳动从市场外围转移到市场内部，也只能得到比女性劳动者平均薪资更低的估价。还有资料显示，护理职业的平均月薪比全产业的平均月薪低了足足7万日元，而保育劳动者的月薪还要再低3万日元。也就是说，育儿和看护都只得到了过低的价值评估。家务劳动的有偿化在市场上只能得到过低评估，可以称之为与私人父权制相对的集体父权制。

通过这个研究，我提出的最后一个疑问就是：为什么育儿和护理等照护行为的价值如此低廉？

第二章

家务、育儿、护理、陪护

———

女人独自背负了一切的
"超载的方舟"

照护劳动是生命的再生产劳动

"无薪劳动"的理论改变了劳动的概念。劳动的概念一改变，劳动统计[1]也随之发生了改变。

1990年以后，劳动统计中出现了"有收入劳动时间"和"无收入劳动时间"两个项目，二者合计得出总的劳动时间。

佐田雅志有一首歌，名为《男子汉宣言》[2]（関白宣言）。歌词要求配偶"不能比我早睡，不能比我晚起"，令人听了气不打一处来。然而就算不把它唱出来，从统计结果也能看

---

1. 劳动统计：劳动力、雇用、劳动时间等劳动形态，以及劳动者与其家庭相关的统计。该统计主要由政府或地方公共团体进行。关于 unpaid work（无薪劳动），其范围被定义为家务、护理、看护、育儿等家务活动，此外还包括志愿者活动。针对这些活动都进行了货币价值的评估。
2. 《男子汉宣言》：创作型歌手佐田雅志于1979年发表的热门作品，销量达到160万张。同时，歌词也不断受到女性的批判和抗议。

出，女性的平均睡眠时间明显比男性更短。

如果只看"有收入劳动时间"，女性的平均劳动时间比男性更短，但是再加上"无收入劳动时间"，女性的平均总劳动时间就比男性更长了。这种统计被称为社会性别统计。多亏了它，女性的实际生活状态才变得明晰起来。

家务是什么？女人在家做什么？有关这些问题的研究叫作家务劳动论。一般人都觉得女人干家务是理所当然，是个女人都能干的家务劳动，研究起来其实颇为深奥。

近年来，家务劳动论又实现了更大的进化。有人指出，买菜、做饭、扔垃圾、洗浴缸……家务并非单纯地完成这些单项任务，把它们井然有序地组合起来，这一后台的安排也是"看不见的家务"[1]。当讨论深入这个程度，有一个问题就逐渐"可视化"了。那就是男人有多么依赖于女人的"看不见的劳动"。

被称为"家务劳动"的活动，广义上说就是孕育生命、维持生活、照顾病人和残障人士、为老人养老送终的劳动。

1.看不见的家务：除了洗衣、打扫等有名目的家务之外，还存在着补充消耗品、思考菜品等生活中不可或缺的众多家务，也称为无名家务。

现在我们称其为再生产劳动或照护劳动。单纯养育子女这一项，就包括了每天准时回家给孩子做饭、孩子放学回来已经有热饭热菜等在桌上、浴缸里放好了热乎乎的洗澡水……所有这一切都是生命的再生产劳动。正因为家里有人在做这些事，社会才得以维持运转。

危机源自现代家庭的出现：
"超载的方舟"

  总有人说家庭陷入了危机，然而家庭从现代开始的那一刻就一直叫嚣着危机。家庭危机并不是什么新鲜的话题。我负责审校了美国女性主义法学家玛萨·A.法曼[1]的著作《家庭：超载的方舟》（*The Neutered Mother, the Sexual Family, and Other Twentieth Century Tragedies*）。这位法学家曾经担任美国法学会会长，并在该书中提出了激进的主张——"废除作为法律制度的婚姻"。

  若问这么做会发生什么，那就是"出轨"这一概念的消

---

1. 玛萨·A.法曼（Martha A. Fineman, 1943— ）：美国性别法学家。日本学阳书房 2003 年出版其著作《家庭：超载的方舟——后平等主义的女性主义法理论》，岩波书店 2009 年出版其著作《看护的羁绊：超越自律神话》（*The Autonomy Myth: A Theory of Dependency*）。

失。真不错呢。（笑）

我听过她的演讲。在问答环节，一个女学生举手问道："请问您是自由性爱的支持者吗？"她这个质疑很有代表性，而法曼的回答也十分绝妙。

"不，我并不是。一夫一妻或自由性爱都是个人爱好问题，大可以自由选择。如果要搞一夫一妻制，请把它当成自己的爱好来搞。"

成年男女的性关系大可以还原到个人爱好的层面，无须提请法律认可。如此一来，夫妇别姓[1]的问题就再也不存在讨论意义。我们没有必要从五花八门的性关系中单独挑出特定的性关系（异性恋单婚制）赋予其特权，将其作为法律的保护对象。国家只需要不再干涉成年人的性关系就好了。与之相对，她也主张将"照护的关系"作为法律的保护对象。所谓"照护的关系"，就是在拥有孩子这一依存于自己的存在时，需要维持有持续性的关系。

这一提案乍一看很偏激，其实极具现实意义。美国是个

---

1. 夫妇别姓：2021 年，日本政府针对婚后可申请夫妇各自维持婚前姓氏的夫妇别姓（氏）议题进行了审议，得出的结论是"需要进一步探讨"，未有任何进展。现行法律规定夫妇必须随一方姓氏，90%以上都是随夫姓。

离婚率很高的国家，婚姻并非持续一生的关系。既然婚姻并非持续一生的关系，那么相对于依靠性爱维持的短暂关系，"照护与被照护"的关系反倒更具有稳定性和持续性。因此我们不应该把家庭的根基放在性爱关系之上，而应该放在照护关系之上，并将与之相关的权利义务关系作为法律保护的对象。我认为她的理论非常简洁明了，也很有说服力，她却笑着说："遗憾的是，没有多少人支持我。所以我只是少数派。"

法曼还说："现代家庭将依存私有化（privatization）了。"

家庭之所以与其他社会团体不一样，是因为家庭内部有着无法独自生存的依存式存在。婴儿是毫无自理能力的，只要被遗弃24个小时就会死亡。他们无法与可适用民法的成年人自主建立契约关系。

女人不会仅因为性别而成为依存式的存在。但是一旦她有了依存式的存在，自己也会随之变成依存式的存在。我们将这样的情况区分为初级依存与次级依存。正因为女人变成了"照护性别"，就不得不接受次级依存的存在。

我没有按照原书标题直译那本书的书名，而是将其命名为《家庭：超载的方舟》。

因为现代家庭一出现，存在于市场外围的照护负担就全部被塞进了家庭。这里说的"家庭"并非以前那种大家族，而是仅由夫妻和孩子组成的小家庭，里面的成年女性只有一个。一个孤立无援的女性背负了所有的照护负担，我将这种现象称为"超载的方舟"。我想表达的是——现代家庭从扬帆起航的那一刻起，就注定了触礁的命运。

"护理保险"
是照护社会化的一种进步

2000 年，日本开始实施护理保险制度[1]。有人认为，护理保险是"照护社会化"的"第一步"。它并非社会化完成的标志。虽然只是社会化的"一小步"，只是局部的社会化，但它也是非常大的变化。

社会化还有另一种说法，就是去家庭化（de-familization）。所有的历史变化都有开端和结局。在社会化发生之前，也发生过"照护家庭化"。这就是法曼所说的"依存的私有化"（privatization of dependency）。

1. 护理保险制度：由全体社会成员共同支持高龄者护理的制度。根据《护理保险法》规定，该制度由市、区、町、村运营，40 岁以上人士须加入保险，原则上超过 63 岁、被认定为需要支援或需要护理的人可得到保险服务。

那么，在"照护家庭化"之前，是否还存在不一样的护理方式？我们都知道，曾经存在这样一个社会：育儿和护理都没有被孤立在家庭中，而是由共同体来完成的。但是我们所生存的现代社会是再生产劳动，即护理劳动私有化的社会，也就是护理劳动被封闭在私人领域、封闭在家庭中的社会。而被赋予这些劳动的人，就是女性。

有偿的生产被男性独占，孕育人类生命并为之送终的无偿劳动，即生命的再生产则被分配给了女性。女性是"关怀性"，符合这一定义的举止被定义为"女人味"。

男性是100%的生产者，女性是100%的再生产者，这一组合便是"男主外、女主内体制"。这一体制成立于"二战"日本投降之后，历史较短。落合惠美子[1, 2]称之为"家庭的战后体制"（"家庭的55年体制"）。

"男主外、女主内"的工作分配也被称为性别分工，但是近年来，已婚女性外出工作已成为常态，随之出现了"男主

---

1. 落合惠美子（Ochiai Emiko，1958—　）：社会学家、京都大学大学院文学研究科教授。专业方向为家庭社会学、社会性别论、历史社会学。著有《致21世纪的家庭》等。
2. 《致21世纪的家庭》：副标题为"家庭战后体制的审视与超越"。1994年发行，1997年、2004年、2019年先后修订。第4版新添第2章。该著作为家庭社会学的基石。

外、女主内外"，也就是女性被赋予双重压力的"新性别分工"。可以预见，今后会出现男女共同担任生产者与再生产者的现象。

我在倡导马克思主义女性主义、提出市场与家庭二元论时，曾遭到尖锐的批判。

批判者说："上野的理论中有一个决定性的欠缺，那就是国家的存在。"

国家会做出不同于市场的举动。它拥有征税权这一强制力量，并以此为资金来源投入市场，促使家庭完成再分配（图4）。市场的外围除了家庭还有国家。除此之外，还有一个运作原理既不同于国家也不同于家庭的存在，为了将其与国家区分开，我且称之为"市民社会"。将国家、市场、市民社会、家庭四个领域统合起来制作的模型，就是图5。

根据马克思的理论，市场与家庭同属私有领域，公共部门不会参与其中。市场与家庭内部的关系都是私人关系，在

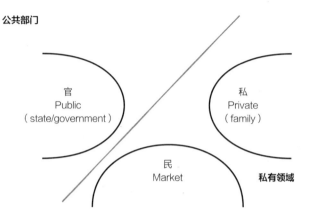

公共部门

官
Public
（state/government）

私
Private
（family）

民
Market

私有领域

图 4 "官、民、私"

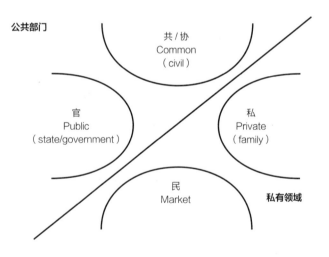

公共部门

共 / 协
Common
（civil）

官
Public
（state/government）

私
Private
（family）

民
Market

私有领域

图 5 "官、协、私、民"
出处:《照护的社会学》（2011）第 221 页

说到自助、公助、共助[1]时，家庭之间的互助和在市场上自费购买服务都属于"自助"的范畴。

有趣的是，最近有学生对我说："老师，家庭应该是共助吧？"我想，既然家庭已经个体化到了这个地步，那么"自助"被限定到个体之上，家庭则被归入"共助"倒也并不奇怪。虽然都在讲公私分离，但是请不要搞错了，市场和家庭其实都属于私有领域。只不过，市场适用于交换原则，家庭则适用于赠予原则。

国家属于公共领域。在这里发生作用的不是市场的交换原则，而是集中与再分配的原则。譬如收入高的人多缴税，这些税金则被分配到有需要的人手上，也就是税收和社会保障的功能。

现在越来越多的人意识到，照护的承担者除了市场、国家和家庭，其实还有一方，那就是被称作市民社会、共同体、民间组织的东西。这里适用的原则不是交换原则，而是互酬原则。这便是后来被称为"共助"的领域。

---

1. 自助、公助、共助：从 20 世纪 90 年代开始，日本在议会提问中出现的说法，主要用在自然灾害相关的议题上。日本前首相菅义伟在自民党总裁选举时也提出了这条标语作为自己的政治理念。（译者注）

"官、民、协、私",
福利多元社会的四个领域

我们想活得更舒心，想重视自己的"well-being"，就必须有"welfare"（福利）的帮助。

福利就是帮助那些自助能力有限的人，而"无法自助"意味着家庭和市场都起不到作用。换言之，人们一直认为福利的作用是弥补"家庭的失败"（家人无法互相扶持）和"市场的失败"（无法在市场赚钱为生）。那么，这个福利由谁来负责?

私有领域的失败（家庭的失败与市场的失败）由公共福利来弥补，而负责这一领域的，便是福利国家。

福利专家们已经不再使用"福利国家"这个词了。因为承担福利的并不只有国家。此外，国家也无法承担所有的福利，因此专家们认为福利国家的概念已经过时。取而代之的是"福利多元社会"的概念。

福利多元社会具备了四个多元领域，分别是国家、市场、市民社会、家庭。我将其简称为"官、民、协、私"。之所以这么说，是因为我不希望让国家来代表"公"。

国家真的会为公益而动吗？会不会只为了部门利益、官方利益或者政治家和官僚的私人利益而动？有许多事实都暗示了这个疑点。在这个模型中，我认为不能让国家独自打出"公共"的名义，所以将"公"与"共"分开，并把前者改成了更容易理解（或者说更招人痛恨）的"官"。

除了国家，还有一个承担公共利益的领域名叫市民社会。我称其为"共"，也可称为"协"。"共"是指"common"，"协"则是"协作／协助"的"协"。加上第四个领域，就形成了"官、民、协、私"的四元模型。而"照护社会学"的目的，就是思考在"官、民、协、私"相辅相成的环境中，由哪一方、如何分担再生产的成本。

1995 年阪神·淡路大地震[1]发生后，大量"协"领域的

1. 阪神·淡路大地震：1995 年 1 月 17 日发生的自然灾害。最大震级 7 级，死者 6434 人、伤者 43792 人，住宅、公路、铁路、基础设施等遭到严重破坏。

中坚力量纷纷登场。今年[1]正值"3·11"日本地震10周年，在1995年和2011年，我们都目睹了许多人自发地前来帮助跟自己毫无关系的人，还有许多志愿者加入了灾后救援和重建的行列。在此之前，很多人都说志愿活动无法在日本扎根，后来见到如此多的志愿者，很多人都为之震惊。

早在以前，日本就有人呼吁出台NPO法[2]。NPO（非营利组织，Non Profit Organization）是诞生在美国的概念。现在志愿者文化和慈善文化已经在美国扎根，让人羡慕不已。多少人都希望日本也能产生那样的文化，但不知要等多少年才能等到NPO在日本出现。而出现在大地震受灾地的志愿者给了他们莫大的鼓励。就这样，志愿者形成了一股风潮，在短短两年后的1997年，日本就成立了NPO法。为NPO法出台做出极大贡献的政治家之一，便是辻元清美。

NPO是向那些自助和公助都帮助不到的人提供市民"共助"的组织。2020年菅义伟政权组建后，我听见菅义伟前首相在国会演说中提到"自助第一"的字眼时，真的大吃一惊。

1. 即该节目播出年份2021年。（编注）
2. NPO法：特定非营利活动促进法。1998年12月开始实施该法案，目的在于通过向非营利组织授予法人资格，促进以志愿者活动为代表的公民自愿为社会做贡献的非营利组织的健康发展。设立法人需要得到辖区政府的批准。

他在新冠肺炎疫情最严重的时候对已逼近自助极限的国民声称"自助第一"，这根本不是一国领导应有的发言。他这么说就像在表示："公助"帮不了你们了，国家要放弃国民了。

有趣的是，NPO 法一开始被命名为"市民活动促进法"，但是在正式成立时，却变成了"特定非营利活动促进法"。"特定非营利活动"是什么？谁也不知道。据说在法案成立的过程中，执政党的政治家们极其排斥"市民"一词。看来那帮大叔最喜欢的是"国民""皇民"或者"臣民"呢。

1997 年既是 NPO 法成立的年份，也是护理保险法成立的年份。护理保险法经过 3 年的试运行，在 2000 年正式实施。

NPO 法与护理保险法，这两项法案如同一场春雨，促使护理体系的福利 NPO 如同雨后春笋般冒出头来。我的研究对象是致力于让自己的照护劳动有偿化的女性的活动，所以在护理保险正式实施之前，我密切调查了她们所做的选择。

早在这一法案成立之前，日本各个地方就存在着出于眼前的需求而站出来的"共助"先驱。曾经是生协[1]和地区活动主角的女性，也都在从事着有偿志愿者的互助活动。

1. 生协："日本生活协同组合联合会"的简称。该协会以提升普通市民生活水平为目的，展开各种采购、福利、护理、共济等事业。协会依托于生协法（消费生活协同组合法），最广为人知的活动就是团购，但除此之外也展开生活共助和育儿支援等活动。

儿媳护理老人原是家庭内的强制劳动，护理成为有偿劳动

护理保险的盖子一打开，女性创业者便纷纷登场，我称她们为社会企业家（social entrepreneur）。早在护理保险成立以前，她们就在自发互助活动中积累了许多经验，后来依托于 NPO 法获得了法人资格，又因护理保险法得以加入护理事业，使得经营情况变得十分稳定。

护理保险成立时，我的感想是"太好了"，女人的免费劳动成了能够让她们为生的劳动。或者说，至少成了伴随有偿支付的劳动。

女人在家里照顾自己家的老太太只是免费劳动。若去照顾隔壁家的老太太，就能拿到钱。我甚至会想：她们怎么不直接去隔壁家做事呢？

照护是可以委托给第三方的劳动，而第三方代劳必然是

有偿的。这种劳动有专业性，需要资质，是应该支付正当代价的劳动。多亏了护理保险，这已经成了日本国民的常识。

在此之前，家庭内部的护理都是儿媳的工作。儿媳的护理是无偿护理、得不到认可的护理、不被感谢的护理。由于被视为理所当然的义务，连一句"谢谢"都听不到。我父亲晚年得到长子的妻子照顾时，学会了说"谢谢"。然后有一天，他突然对我说："这个时代已经不得不跟儿媳说谢谢了呀。"我当时教育他："儿媳是外人啊，外人帮你做事，说'谢谢'不是理所当然的吗？"

像儿媳护理老人这样，因为被视作理所当然而无法摆脱的劳动，被称作强制劳动。

"强制劳动"（forced labor）这个词是我在外语文献里看到的。那上面说，无法选择的护理就是强制劳动。由此可见，强制劳动不只存在于劳改所，还存在于家庭之中。而且行政自治体还一直给那些儿媳颁发"孝顺儿媳表彰"。对此，樋口惠子进行了一顿怒骂。所以请各位记住，护理存在着这样的负面历史。

护理保险出现后，照护的社会化总算踏出了第一步。照护若由第三方代劳即为有偿的劳动。既然如此，即使不由他人代劳，由家人自己来做，这种劳动也具有同样的价值。现在这个认知总算变成了常识。

第三章

照护是什么？由谁来护理？

选择"护理"作为"研究对象"

没有快乐的护理者，
就没有快乐的护理

在定义照护是什么时必须重视一个事实：照护必然存在着两种当事者，即照护者与被照护者。用英语来说，就是"It takes two to make it happen"（一个巴掌拍不响）。

我说起照护的话题时，总是用性爱做比喻。性爱也需要复数的当事者才能成立。照护和性爱都是发生在复数当事者之间的交互行为，并非照护者专属的特性和行为。

那么，什么才是好的照护？如何评判照护的质量？在复数当事者中，只有一方得到满足的照护不能称为"好的照护"。如果这么说，就跟"微笑只需0元"的麦当劳广告词一样了。无论顾客怎么破口大骂，店员都要报以微笑，这就相当于复数当事者中只有一方得到满足的照护。这样的照护，绝对称不上"好的照护"。其实有许多人都在被迫从事这种

感情劳动 [1]。

在复数当事者中只有一方得到满足的性爱被说成"自我陶醉"，我觉得这个说法很犀利。这种性爱绝不是优质的性爱。同样，照护也是发生在复数当事者之间的行为，如果不是双方都能感到满意的照护，就不能算优质的照护。

简单来说，"没有快乐的护理者，就没有快乐的护理"。因为不快乐的护理者最后势必会伤害到弱者。所谓弱者，就是被护理的老人或是孩子。所以必须让护理者也感到快乐。

由于我的年纪也大了，加之赶上了护理保险开始实施这一日本史无前例的重大社会变革，我觉得这是个千载难逢的机会，所以在 2000 年护理保险正式实施之际，我选择了"护理"作为研究对象。

开始研究护理后，我才意识到自己做的一直是同一件事。

女人在家庭内部从事的劳动价值为何如此低廉，同样的

---

1. 感情劳动：与"脑力劳动""体力劳动"并列的劳动形态，由美国社会学家阿莉·拉塞尔·霍克希尔德（Arlie Russell Hochschild）提出。特指需要时刻配合对方做出相应的言行和态度，需要压抑自身感情，一直保持紧张和忍耐的劳动（如服务业、看护·护理职业、教师、幼师等）。

事情在家庭外部得到的估价为何还是如此低廉，照护成了这个社会不可或缺的劳动，又该由什么人来承担，如何承担才算公平……一言以蔽之，就是研究再生产费用的分配正义问题。

女性地位的国际比较：
日本女性地位为何垫底

在这里做一下国际比较吧。跟外国比一比，就会很清楚日本女性的地位为何总是垫底。

东西冷战[1]结束后的 20 世纪 90 年代初期，全球化开始了。全球化的定义是"信息、金钱、物品、人力的国际流动性增加，以及伴随而来的国内外秩序的重组过程"。全球化不存在喜欢与不喜欢的问题，那只是一个不可抗拒的事实。

信息、金钱、物品、人力之中，流通速度最快的是信息，其次是金钱，再次是物品，而流动最慢的就是人力。因

---

1. 东西冷战：第二次世界大战之后发生的以美国为中心的自由主义国家（西方）和以苏联为中心的社会主义国家（东方）的对立。冷战一直持续到 1989 年。

为新冠肺炎疫情，人的流动受到了抑制，但病毒的流动并没有停止。新冠肺炎疫情的蔓延与全球化之间有着密不可分的关系。

是全球化让流动最慢的人力开始了流动。全球化的浪潮覆盖到的所有社会，都不得不做出一定的反应，日本也绝非例外。在这一浪潮中，所有社会给出的答案，都是将女性转化为劳动力的必然性。

在日本推进这一改革的是新自由主义（neoliberalism）[1]政权。新自由主义的政治家们到处提倡"女性活跃""202030"[2]这些讨好女性的政策。保守政治家与新自由主义政治家乍一看很难分辨，但二者有着决定性的不同。就算撕碎了新自由主义政治家的嘴，他也说不出"女人应该回归家庭"这种话。他们希望女性出来工作，也希望女性多生孩子，希望女性完全按照他们的想法行动，这就是新自由主义政治家。

当女性转化为劳动力成为必要之举，就必须为她们卸下将

1. 新自由主义：最小化政府对经济活动（市场）的介入，重视自由竞争的思想。追求小政府、民营化、放宽规则等政策的经济思想。
2. "202030"政策：2003 年，日本政府制定了一切领域"到 2020 年为止，实现指导性地位的女性占总数的 30%"这一"男女共同参与策划"政策的目标。到 2020 年未能达到，被改为"21 世纪 20 年代尽早实现"。

其束缚在家庭内部的重担，也就是照护的重担（care burden）。

"如果没了我，这孩子可怎么办啊？家里老人还怎么活啊？"必须将这个照护的重担转交给第三方。这就叫作照护的外包。

照护外包的选项有三种。第一是市场化。女性出来赚钱，用自己赚到的钱购买市场上的照护服务。第二是公共化。比如，设立国家或地方自治体管理的托儿所或老人院，用于照顾儿童和老人。这两个选项是依靠市场化和公共化来实现照护的去家庭化。

第三是"男女各半制"，也就是丈夫和妻子平均分配照护工作的私人解决办法。这种做法被称作平等主义家庭（egalitarian family），可惜的是，这一选项实现的可能性最低。因为只要男女同工不同酬的现象存在，赚钱多的男人就绝对不会减少工作，跟女人一起从事家务和育儿工作。他们会说，我可以用自己赚的钱请保姆或家政工。因为男性的机会成本比女性的机会成本高得多，向市场购买照护服务在经济上是更合理的选择。这又回到了市场化选项，而刚才已经解释过，市场化选项也是私人的解决办法。

照护外包与出生率——
由谁来照护

　　将其做成模型，便是图 6 的样子。照护出现了两分化：一是私有化；二是公共化，也就是去私有化。

　　私有化的选项有家庭化和市场化。请不要忘了，市场化始终是私有化的次级概念。用自己赚的钱向市场购买服务，相当于以私人的方式解决照护负担。

　　公共化的选项有家庭化和去家庭化。家庭化是指由家庭内部承担照护责任，但国家为此给予减税、补贴和支付养老金的政策，承认照护工作的价值。也就是说，由国家向家庭内部的照护劳动者支付薪酬（尽管大多低廉得可怕）。日本

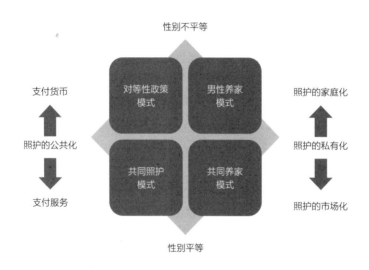

图6 "照护的公共化和私有化"

国民年金的第 3 号被保险者制度[1]也算是形式之一。在这个选项下，女性往往容易被固定为照护劳动者。

公共化的另一个选项，就是由公共机构负责，以实物的形式支付照护服务。比如，设立托儿所托管儿童，提供护理保险辅助老人护理。

日本究竟采用了什么选项？

最近这 30 年间，女性劳动力转化程度高的国家为了把女性拉出家庭，一直在推进照护的外包。只要拿出上文提到的模型，就能很好地说明男女平等程度较高的国家和低下的国家存在着什么样的不同。

一种是夫妻都有工作维持家计，国家承担照护外包的责任。这种是照护公共化模式，被北欧国家采用。

另一种是夫妻都有工作，向市场购买必要的照护服务。这种是照护市场化模式，被英、美等盎格鲁－撒克逊国家[2]采用。亚洲也有部分国家和地区采用这种模式，譬如新加坡和

---

1. 第 1 号被保险者指个体经营者和学生等；第 2 号被保险者指加入了厚生年金保险的人（公司职员、公务员）；第 3 号被保险者指受到第 2 号被保险者扶养的配偶（20~60 岁），该类被保险者自身无须支付保费。此外，第 3 号被保险者的个人年收入不得高于 130 万日元，否则自动转为第 1 号被保险者。（译者注）
2. 盎格鲁－撒克逊国家：指美国、英国、澳大利亚、新西兰、加拿大五国。（编注）

中国香港的职场女性就不存在要兼顾家庭和工作的问题。因为她们家中有保姆和用人。

在照护家庭化迟迟没有改变的国家，照护一直是家庭的责任，而承担那个"家庭责任"的人全都是女性。这种模式被称为男性养家模式（male breadwinner model）。

最固执于这种模式的国家就是日本。不只是日本，意大利、希腊、西班牙等南欧国家，以及亚洲的韩国都是如此。

谁来照护的问题关键在于解决再生产成本的分配问题，那么，再生产成本的分配效果，则可以用生多少孩子来衡量。

把各国的总和生育率（一名女性一生生育的孩子数量）放在一起比较，就会发现一个很有意思的现象（见下页）。双职工＋照护公共化模式的国家和地区出生率最高，双职工＋照护市场化的国家和地区次之，而在男性养家模式的国家和地区，女性最不愿意生孩子。

目前，发达国家的出生率都在下降，但也可以分为相对高位国、中位国与低位国。意大利、德国、日本属于低位国。这三个国家都是第二次世界大战的轴心国[1]，其共同特征为男

---

1. 轴心国：第二次世界大战中以日本、德国和意大利为核心的战争联盟。美、英、苏、中为首的同盟国与之对抗，最终击败了轴心国。

劳动与照护的分配及其结果

A：双职工 + 照护公共化
北欧模式

B：双职工 + 照护市场化
盎格鲁 - 撒克逊模式，包括新加坡、中国香港

C：男性养家 + 照护家庭化
南欧模式，包括日本、韩国

→ 出生率：A > B > C

尊社会。现在数据显示，这样的社会生不出孩子。

那么亚洲又如何？亚洲整体的出生率都很低。新加坡和中国香港的工作女性虽然无须烦恼兼顾工作与家庭的问题，但这样的女性群体本身人数很少，因此出生率仍旧不高。还有一个国家跟日本很像，出生率非常低，那就是韩国。韩国的社会结构与日本很相似，而男女薪酬差距比日本还大。中国内地的出生率因为受到"计划生育"政策影响，无法成为国际比较的对象，但是中国政府最近开放了政策，最多可生三胎。尽管如此，其出生率至今仍未出现上升的趋势，不知今后会如何变化。

人口现象其实是处在再生产年龄段的男女个体的个人选择行为汇集成群集现象的社会现象。而且它也是一个非常容易预测，却无法解释为何会变成这样的有趣的现象。

如果把出生率视作育龄男女面对将来的希望指标，那也可以这么说，在出生率低下的"男性养家模式"社会，育龄年轻男女的希望值是最低的。

劳动市场底层的日本女性

如上文所述，生产劳动与再生产劳动，或者说有薪劳动与无薪劳动的分配及其成本有好几种选项，但并非无穷无尽。选项的数量是有限的。

采用了照护公共化的社会就是被我们称为"福利发达国家"[1]的社会。这个选项的成本就是极高的国民负担率。包含税费与保险费在内，每个国民起码要被收取超过个人收入50%的费用。

由于"国民负担率"的"负担"是负面表述，福利记者

---

1. 福利发达国家：丹麦、瑞典、芬兰等社会保障制度完善、医疗和教育免费、针对老年人的社会服务高度发达的国家。瑞典、丹麦的消费税高达25%，所得税在50%左右，因此国民负担极大。

大熊由纪子[1]提出，可以将"国民负担率"改称"国民连带率"。日本国民如果都同意这样的负担，那么日本也能成为福利先进国家。可是日本国民非常抵触消费税的增加，是负税感极强的国民。其理由也很明显。各种舆论调查显示，超过 60% 的日本国民赞同"如果是为了生活更安稳，负担比现在更重也无所谓"。然而他们的想法是，出钱可以，但不想给政府交钱。换言之，就是不信任政府。

再来说照护市场化的选项，也就是用你赚的钱在市场上购买有偿的照护服务。这个选项的成本是什么？在这种情况下，自己赚的钱必须多于在市场购买家务、护理服务的费用。要满足这个条件，市场就必须存在提供廉价家务服务的低薪劳动者。而市场上的廉价劳工往往是移民劳动力[2]或农村女性。在这样的社会，高薪女性与非高薪女性之间存在着极大的差距。

1. 大熊由纪子（Okuma Yukiko，1940—　）：科学记者。曾担任《朝日新闻》论说委员，后成为国际医疗福祉大学研究生院教授。专业领域为医疗福祉记者论。著有《有无"卧床老人"的国家——挑战真正的富饶》等。
2. 移民劳动力：根据 ILO（国际劳工组织）统计，2019 年的国际移民劳动者约为 1.69 亿人，占全世界总劳动力的 5%。在薪资水平较高的国家，可以通过雇用低薪国家的劳动者削减成本。

照护劳动的分配及其成本

★ 照护公共化 = 较高的国民负担率

★ 照护市场化 = 存在廉价移民劳动力

★ 亚洲模式 = 靠奶奶、外婆
　 → 现在的日本不存在以上任何一个选项！

★ 全部推给女性
　 → 性别问题相当于其他社会人种问题和阶级问题的
　　　功能性等价物

那么日本呢？现在政府修改了出入境管理法，此前只针对无法由日本人替代的高级人才发放劳务签证，今后则可以引进育儿、护理劳动者这类非熟练劳工了。尽管如此，目前规模还是很小。

日本针对外国人的政策，就像是一点点打开门缝观察效果。不知日本未来是否会成为移民国家。如果成了移民国家，你们会不会把孩子交给保姆或育儿师照顾，自己出门工作？日本女性也许将要面临这样的选择。

还有一个选项是亚洲模式，也就是靠奶奶、外婆。但是由于代际分隔，现在这种模式变得越来越困难了。

通过国际比较可以得知，现在的日本既不存在照护公共化的选项，也不存在市场化选项。为此，女性就不得不承担所有的照护负担。而背负着照护负担的女性，又因此成为劳动市场的底层。

在国外解释"日本女性的地位为何如此之低"时，这样表达会很容易让人理解：

"在日本，性别问题相当于其他社会人种问题和阶级问题的功能性等价物[1]。"

---

1. 功能性等价物：发挥同等功能之意。

只要这个结构不发生改变，日本的女性就无法得到与男性同等的工作环境。由此可见，谁来承担照护责任其实是个很重要的问题。

新冠肺炎疫情中的照护变化，
"二战"后家庭体制的变化之时

谁来承担照护责任呢？有一本名叫 *Who Cares？* [1] 的书探讨了这个问题。所谓"*Who Cares？*"，其直译为"谁在乎呢？"（也就是完全没问题），采用这句话作为标题，暗示了这个问题在此之前一直被人们忽略。照护不是免费的，生养孩子其实很辛苦——如果不解决这个问题，女人就不再愿意生孩子了。此书正是将这个问题"可视化"的著作。

受到新冠肺炎疫情的影响，照护实现了"可视化"。今时今日，几乎所有家庭都是双职工夫妇，如果全国统一停课，孩子都待在家里，就必须有个人留在家中照料。那么，谁来

1.*Who Cares？*：美国女性主义政治学家琼·克莱尔·特隆托（Joan Claire Tronto）的演讲记录。在日本的译名为《谁来照护？走向新的民主主义形态》。

照顾孩子？面对这个问题，几乎无一例外，都是女性放下工作回家照顾。因为停了工，家庭收入相对减少，于是又有了"休业补偿金"[1]。换言之，新冠肺炎疫情使"照护可视化"，让人们意识到了在家照护并不是免费的。

社会学家落合惠美子在 WAN[2] 网站上发表了一篇名为"《新冠与性别问题》"的文章，副标题为"待在家里不是免费的——家庭及亲人负担的照护的可视化及其支援"。多亏了新冠肺炎疫情，这一问题才终于"可视化"了。

这场新冠肺炎疫情也激发了积极的变化。譬如人之所以要上班通勤，是因为职住分离。正因为职住分离，人才要在中间来往通勤，如果职住一致，就不用通勤了。新冠肺炎疫情应该不会永远持续，待其有所平复，我希望一些事情能回到新冠肺炎疫情之前的状态，一些事情则不要回到原来的状态。我不希望恢复原状的事情之一，就是通勤地狱。

---

1. 针对新冠肺炎疫情指定的休业支援款项。受新冠肺炎疫情及防疫措施影响而停工的劳动者中，未能得到企业休业补贴的人可以申请国家补助金。
2.WAN：认定特定非营利活动法人"Women's Action Network"的缩写。该组织致力于实现男女共同参与策划的社会，为女性提供了交流信息及举办活动的平台，积极构建女性网络，促进女性赋能事业。上野千鹤子担任理事长。

居家办公的人越来越多，家庭内部的夫妻关系也发生了再调节。在此之前，丈夫是 100% 的生产者，妻子是 100% 的再生产者。上文已经阐述过，这叫作职工·主妇体制。"二战"结束后，这一体制在日本确定下来，也称为家庭的战后体制。其实这样的家庭在日本只出现了不到半个世纪而已。

现在，我们也许再次迎来了变化的时期。今后人们将会迎来后现代时代，男女皆能成为部分的生产者及部分的再生产者。

在这场新冠肺炎疫情中，也有过让我怒从心头起的事情。

医疗现场和护理现场的人手不足。政府说：医疗现场人手不足，就让退休的护士和保健师顶上，让考到了护士资格的硕士生顶上。但是面对护理现场人手不足的问题，2020 年厚生劳动省[1] 给出的通知则是"可以使用无资质人员"。医疗现场绝不能使用没有资质的人，但是护理现场可以没有资质。

这不禁令我哑然。

---

1. 厚生劳动省：日本中央省厅之一，负责医疗卫生和社会保障的主要部门。（编注）

护理保险已经实施了 20 年，直到现在，政策制定者还认为护理只要是个女人都能做，是一种非熟练工种。我恨不得揪出设计制度和决定政策的人说："你行，你上！"这件事让我沉痛地认识到，护理保险实施第 20 年，针对照护劳动的观念竟然丝毫没有改变。

照护的价值为何低廉？即使在家庭外部从事照护劳动，看行业劳动者过于廉价的薪资，都绝不可能认为那是正确的定位。"这个价值是如何决定的？"无论我怎么想，都只能想到一个答案，那就是：

照护向来都是女人在家免费提供的东西。一定有人认为，不值得为这种事情付钱。

女性主义思想
追求的是弱者也能得到尊重的社会

衰老是变成后天残障者的过程，
照护是学习非暴力的实践

日本今后将是一个人口减少的社会。我们每个人在出生时都是毫无力量的依存式存在，最后也会变回毫无力量的依存式存在并走向死亡。

我认为，衰老是变成后天残障者的过程。后天残障不仅包括身体上的障碍，还有头脑的障碍、心灵的障碍。有的人全都有，有的人只有一部分。我们就生活在一个每个人都会变成弱者、每个人都要互相搀扶着走完人生下坡路的社会中。

一直以来都由女人包揽的照护，究竟是什么样的实践？

所谓照护，是建立在照护者与被照护者之间压倒性的不对等关系之下的相互行为。照护者与被照护者几乎不可能身份对调。在这种压倒性的不对等关系之下，不断压抑着权力滥用的过程，就是照护。

权力的滥用，在英语里叫作"abuse"。所谓"ab-use"，就是非正常地使用权力[1]。而对于"harassment"（骚扰）的定义，就是权力的滥用。没有哪个组织内部是不存在权力的。所谓权力，乃是后天赋予的为了完成工作的权能[2]。当有人将权力应用在完成工作之外的场合，就构成了骚扰。应用在两性场合，就是性骚扰；命令下属"给我买盒饭"，就是职权骚扰。有意思的是，"abuse"还有一种译法，叫作"虐待"。

权力的滥用不仅发生在上司与下属、教师与学生、男性与女性之间。女性成为家长，也是她一生中权力最大的时刻。家长掌握着对无力的孩子生杀予夺的权力。恐怕没有哪个母亲不曾想过：这孩子哭个不停，像个恶魔一样，干脆把他从阳台上……事实上，的确有母亲把婴儿扔下楼摔死，目前仍在接受公审。我甚至猜测，当一个女人好不容易养大了孩子时，她会深深感慨："我真佩服自己，竟然没把这孩子杀了。"

那么，是否可以把照护理解为不断压抑权力滥用的长期过程呢？权力的滥用对实施者来说肯定伴随着快感。

1. 此处将"abuse"拆分为代表相反方向或行为的前缀"ab"及动词"use"。（译者注）
2. 权能：对某一事物主张权利并行使权利的能力。职权、权限。

"Sense of power"（权力意识）是让人上瘾的感觉。在漫长的时间内不断抵抗那种诱惑的实践，就是照护。

如果说照护是学习非暴力的实践，那也可以说非暴力是可以习得的。反过来，暴力同样可以习得。十几岁男生制造残酷的暴力事件，正是因为他从出生那一刻就在习得暴力。人不会因为遗传和激素施展暴力。假如暴力与非暴力都能习得，那么我希望男人也去学习一下非暴力。为此，女人要做的应该是把男人拉进照护的实践中。

2019 年东京大学开学致辞
受到关注

上野在东京大学的开学致辞瞬间受到了全网的关注。那段致辞中被引用最多的是下面这句话：

> 优越的环境帮助你培养了更高的能力，请你不要用它凌驾于没有享受过同等资源的人之上，而是用它来帮助那些人。

有的人听到这句话，可能会不假思索地认定："哦，这就是'noblesse oblige'[1]（爵高者忧深）吧。"

1.noblesse oblige: 法语。"noblesse"指"贵族"，"oblige"指"义务"。意为"社会地位高的人应该肩负相应的社会责任和义务"，为欧美社会的道德观。

2019.4
东大开学典礼致辞

《努力未必有回报的社会》

照片提供 / 共同通信社

等一等，我在这句话后面又加了一句：

> 请你们不要逞强，大方承认自己的弱点，互相扶持着生活下去。

几乎没有人会把后面这句话也一起引用。

我之所以这么说，是因为强者不可能永远都是强者。强者曾经是弱者，将来还会变成弱者。

既然如此，我们希望拥有的又是怎样的社会呢？

当一个人变成弱者时，他可以大声喊出"帮帮我"的社会；当有人大声喊出"帮帮我"时，他能够得到帮助的社会。

致辞中还有这样一句话：

> 女性主义是追求弱者以弱者的身份得到尊重的思想。

很多人对此的反应都是："欸？我还是第一次听到这样的女性主义的定义。"尤其是男性，很容易对女性主义产生自限式的理解。

"男女平等？你们想变得和我们一样吧，那就丢弃女人的身份，放马过来啊。"

在这种"男女平等"的理解基础上成立的，便是《男女雇用机会均等法》[1]。这部法律刚出台时，有研究者在进行英语演讲时巧妙地评价道："这部法律是为日本量身定制（tailor made）的。"那个研究者就是大泽真理[2]。所谓"tailor made"，是指"绅士西装的量身定制"。换言之，这部均等法的出现，暗示了只有那些能给自己硬套上并不合适的男装的女性，才能在职场上生存下来。

女人并不想变成男人。"变成男人"意味着成为强者、支配者、压抑者、歧视者。女人一点都不想变成那样。即便是男人，他们过去都是弱者，将来也会变成弱者。女性主义不是弱者想变为强者的思想。我们的目的是创造一个不同的社会，让人们即使变成了弱者，也能够心安理得地活着。

1.《男女雇用机会均等法》：正式名称为《关于在雇用领域中确保男女得到均等机会及待遇的法律》。1986 年实施，其后几次修订。法律规定了禁止在招聘、录用、分配、升迁等雇用、管理方面以性别为理由进行差别对待，以及禁止以婚姻、妊娠、分娩等理由损害当事人利益等。
2. 大泽真理（Osawa Mari, 1953—　　）：经济学家、东京大学名誉教授。专业为社会政策的比较性别分析。著有《超越企业中心社会：用"性别"解读现代日本》，以社会性别为视角重新审视了大企业中心社会制造的过劳死、福利贫困等问题，是一部先驱式著作。

能够安心当弱者的社会，
能够安心成为被护理者的社会

　　我们所追求的社会，是每个人都能安心当弱者的社会，是每个人都能安心成为被护理者的社会。最近有些人为了尽量缩短老年衰弱（frailty）[1]过程，做起了"无病无灾、两腿一蹬"体操。但是与其让老人努力"自己打头阵，避免生活不能自理"，我们更应该努力创造一个所有人都能安心成为被护理者的社会。

　　我最讨厌预防痴呆症这种说法。痴呆症目前是原因不明、预防和治疗方法也都不明的疾病。与其说是疾病，倒不如说它是伴随老年而来的难以避免的现象。如果能预防痴呆

---

1. 老年衰弱：年龄增长所导致的身体机能及认知功能衰弱症状。指从健康状态转向日常生活需要帮助的被护理状态的中间阶段。

症，你能对罹患痴呆症的人说"都怪你不预防"吗？罹患痴呆症难道是自己的责任吗？

没有人心甘情愿罹患痴呆症。如果有人对他们说"这是你自己的责任""都怪你不预防"，如果这就是提倡"努力自助"的社会，那这就是一个最让人讨厌的社会。

我们想要创造的，是一个即使有了痴呆症也能放心生活的社会，是即使成了残障人士也不会被杀死的社会。请想想津久井山百合园发生的那件事[1]吧。

得到这次演讲的机会，使我再一次认识到，从开始研究家务劳动，到现在研究照护，我所做的事情从未有过改变。

10年前，我离开了此前工作的东京大学。在那里上的真正的最后一课，主题是"为了活下去的思想"。由于举办讲座前恰好发生了"3·11"日本地震，那场研究室主办的最后一讲就这样取消了。不过在那之后，我的学生又为我办了一

1. 津久井山百合园事件：2016年7月，被日本神奈川县相模原市的智力残障护理机构津久井山百合园辞退的男性员工植松圣侵入该机构，杀死了19名残障人士，致使26名残障人士及职工重伤或轻伤。（译者注）

场特别演讲会。我在那场演讲会上使用的幻灯片封面，就是我的著作《为了活下去的思想》[1]的封面。

为什么要称之为"为了活下去的思想"？因为我有个猜测——此前的所有思想都是男性思维的思想，是"为了死去的思想"。换句话说，那些都是为死亡赋予意义的思想。因为所有人都被"死亡要有意义，而生存不需要意义"的思想洗脑了，所以世上才不存在为了活下去的思想。

男人真的创造过为了活下去的思想吗？如果没有，那么我认为，必须由女人来创造它。于是，就有了这本书。

这本书的封面是专门请安藤忠雄先生授权的建筑作品——大阪"光之教堂"[2]（见下页）的照片。

1995年，阪神·淡路大地震之后，因为教堂损毁，安藤忠雄先生接到委托重新做了设计。据说他本来想在水泥墙上

1.《为了活下去的思想》：本书指出了自由主义女权主义思想的陷阱，称其宣扬"跟男人一样"的思想而使女性走进死胡同。同时，本书还传递了弱者以弱者的身份活下去的信息。2006年出版（岩波书店），2012年再版（岩波现代文库）。

2. 光之教堂：1972年设立于日本大阪府茨木市的"茨木春日丘教堂"，隶属于日本基督教协会。礼堂于1989年竣工。该教堂为建筑家安藤忠雄的代表作，参观需要预约。

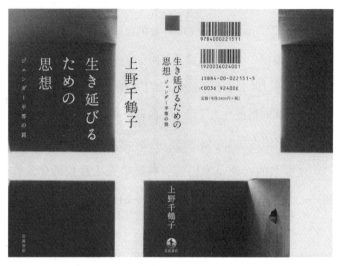

日本岩波书店版《为了活下去的思想》封面

镂空出十字架造型，让内外空气流通，但牧师劝阻道："那样太不方便了，麻烦你改改吧。"于是就改成了镶嵌玻璃。

走进教堂，十字架形的缝隙会使光芒浮现在黑暗之中，显得简单而超凡，着实是了不起的建筑作品。

我给封面设计师提了个很牵强的要求，要在封面上使用这张照片，但不能让人看出那是十字架。如此一来，就有了这个稍微变换布局，乍一看什么都看不出来的富有特色的封面。

禁止祈祷后，
这一世的问题在这一世解决

其实，我出生在一个信仰基督教的家庭，我父亲是新教教徒。在日本信仰基督教的人口仅占国内总人口的 1%，属于少数派。我在青春期时，违背父亲的意愿脱离了教会。从那时起，我就禁止自己做一件事情——祈祷。我放弃祈祷，成为一名社会学家。所谓社会学家，是只思考这一世的世俗之人。死后怎么样都无所谓，我只思考有生之年。死后的世界与我无关，灵魂之类的没有反倒更好。

我禁止自己祈祷后，转而决心这一世的问题在这一世解决，这一世能解决的问题，就凭借自己的力量来解决。

我所研究的与我的愿望一致，一直研究到了现在这个年纪，还有幸在这样的场合跟大家分享，我真的很高兴。

我舍弃了基督教的上帝之后，转而开始研究佛教。我没有成为佛教徒，但是在原始的佛教经典上有这么一句话：

我既是我之主，除我之外别无他主。

我写的《当事者主权》¹这本书，就是在主张自己才是自己的主人公。

我最新出版的书是希望女孩子能够成为自己人生的主人公而写的《女生怎样活？》²。向大家介绍了这本书后，我的课就上到这里了。

感谢大家长时间的倾听。

1.《当事者主权》：所谓当事者主权，归根结底就是"我的事情由我来决定"。从事障碍人士自立生活运动的中西正司与上野探讨了当事者运动的实质及其可能性。2003 年出版（岩波新书）(＊岩波新书为岩波书店旗下子品牌)。
2.《女生怎样活？》：副标题为"上野老师，教教我！"。全书以十几岁女生提出内心烦恼的日常问题，由上野进行解答的形式展开，给女生提示了人生的活法。2021 年 1 月出版（岩波少年新书）。

第五章

上野研讨会
与 10 位学生对谈

首先从自我介绍和讲义的
感想开始

上　野　欢迎大家来到这里。在座的各位基本都是初次见面，所以请先分别做个自我介绍，再加一句对我这节课的感想，然后再进入提问环节吧。

佐　藤　我叫佐藤纯美音，今年 20 岁，在上大二。我读的专业是经济学。我将来想成为一名家庭主妇，今天想听听对这方面有想法的人是怎么说的。另外，我也想听听上野老师不一样的见解，从中学习一些东西。

　　　　刚才听了您的课，我才知道女性之所以在日本受到轻视、遭到性别歧视，都是因为她们一直以来都在做无薪的家务和护理劳动。然后我意识到，原来家庭主妇理所当然的劳动完全不是理所当然的。我还没有社会经验，因此见识短浅，现在我知道对我来说本来是理所当然、毋庸置疑的事情竟然受时代变迁的影响发生改变，并且还有着历史渊源，于是我开始思考：我们是否需要更适应于现代的政策或者说社会环境？

上　野　你不必这么严肃。（笑）

西　浦　我是理工科大四的学生，叫西浦裕。平时我很少考虑性别这个问题，今天来听上野老师的课，是想接触一下自己从未接触过的价值观。

刚开始听课时，我对女性主义的理解就是"男女平等"，但是听到最后，您说女性主义不是"男女平等"，而是"创造弱者以弱者的身份得到尊重的社会"时，我感觉特别惊讶。我直到现在都没能厘清脑子里的问题，希望能在接下来的讨论中得到更清晰的思路。

佐久间　我叫佐久间映里，今年 37 岁，有一个 5 岁的孩子。8 年前我独自创业，目前经营着一家帮助企业宣传的公司。我在大学选修过女性学，但是完全没听课。今天来就是想听听在东大当过教授的上野老师讲课。

我当初创业的目的，就是想成立一家女性不用牺牲什么就能工作的公司，帮助创造一个女性能够充满活力地工作的社会。事实上，来到公司的女性大多有过糟糕的经历，或是内心怀有强烈的不满，觉得"到这个公司来说不定有转机"。目睹了这种情况，我顿时觉得最应该改变的也许是我们女性自己，所以现在公司打出的标语变成了"女性有改变，社会就会有改变"。今天听了上野老师的课，我得以重新思考我们的武器是什么、我想做什么、今后该做什么、当初为什么创业。能够直接跟您交流，我真的非常高兴。

石井　我叫石井英寿，在千叶经营"宅老所石井之家"。之前我在老人护理机构工作了8年，也在精神科工作过。今天能够来到这里，应该是因为我从事着护理工作吧。能在现场听上野老师讲课，我感到特别光荣。感谢您赐教。

您的课还分析了护理发展的历史，让我认识到自己做的事情果然没错，一下就轻松下来了。现在这个社会越来越讲究经济和效率，而效率不高的人都落在了后面。我觉得我们应该去迎合那些人的步调，所以"石井之家"的理念就是"互相谅解、互相认同"。尽管有的员工可能觉得耳朵都要听出茧子了，但我还是要不断地说、不断地实践、不断地传达这个理念。

田中　我叫田中晴子，5年前辞去了大学的工作，现在是一名家庭主妇，同时做兼职。今天上野老师说的"所有人都会变成后天残障者"的话，让我印象特别深刻。我辞去工作时虽然没有想到"后天残障者"这个词，但是想到了"落伍者"。因为我感到极度无力，觉得今后可能再也无法做全职工作了。

另外，您说的"照护就是学习非暴力的实践"，对此我也特别赞同。我家大孩子7岁、小孩子4岁，对我来说育儿正是学习非暴力的实践。因为我在工作时使用逻辑和话语跟成年人交流，对方能明白我的意思。但是到了不得不照顾逻辑不通的小孩子时，虽然有种说法叫作感情劳动，但我一直在思考，育儿的过程中，我该如何处理自己的感情。

上野老师在东大致辞中谈到的"弱者以弱者的身份得到尊重"也让我备受感动。等孩子长到不那么需要费心照顾的时候，我也许能重新开始工作。最近我在思考的就是届时应该做什么样的工作，才能为"创造弱者以弱者的身份得到尊重的社会"做一点儿贡献。希望今天能跟大家一起讨论在我能投身工作时应该怎样工作，并从中得到一些启发。

平井　我叫平井孝明，今年46岁，是一名家庭"主夫"。我家有3个儿子，分别念初中一年级、小学五年级和幼儿园中班。我在成为家庭"主夫"之前，也当过幼儿园保育员和养老院护理员。我进入保育行业后，在幼儿园目睹了母子关系的亲密程度。目前我正在做试验，看成为"主夫"后能否融入那样的母子关系。但是现在还不成功。因为孩子母亲下班后可以温柔地哄孩子，我却时常在管教孩子，相当于好处都被母亲拿走了。

但是也有一件好事，因为我没有多少父亲陪伴的童年记忆，所以拿我的父亲做反面教材，督促自己给孩子更多的陪伴时间。现在的我就像一个超龄孩子王，虽然比不过孩子母亲，但也跟孩子建立了很好的关系。

我还创建了一个"赤羽斗陀螺俱乐部"。按照上野老师的分类，那应该是一个共助团体。我们每月一次召集各个年龄层的爸爸和爷爷，大家一起斗陀螺玩。在那里，我们不用自己照顾自己的孩子。独自照顾自己的孩子非常辛苦，但是有了别人家的孩子和别人家的大人，大家可以聚在一起玩耍，那样就特别开心。当家长被 2 岁小孩气得咬牙切齿时，旁边有个大人帮忙说"2 岁的孩子好可爱呀"，仅仅是这样，心情就会好很多。所有人都因此得到了帮助。

刚才老师说"照护是两人之间的行为，如果不能保证双方都快乐，最后受伤害的一定是弱者"，我觉得您这番话恰好解释了我们让彼此快乐起来的活动，内心特别高兴。太感谢您了。

上　野　我在讲台上看得很清楚。平井先生或是大笑，或是点头，反应特别积极，我也要谢谢你。台下的人有反应，我讲课的劲头也会更好呢。您刚才说跟孩子的关系不如母亲，那么请问，假设孩子摔倒哭了起来，他会去找谁呢？

平　井　其实会来找我。

上　野　对吧，我就觉得一定是这样。

平　井　话虽如此，可他们平时还是更亲妈妈的。

上　野　因为接触的时间越长，管教的次数也就越多，接触时间短的家长自然会拿走好处。真正的胜负，应该在于面对危机的瞬间孩子会选择哪一方，你不觉得吗？

平　井　但我觉得概率是一半一半吧。

上　野　一半一半不是很好吗？那证明孩子跟信任妈妈一样信任你。大部分孩子在那个年龄之前已经完全放弃了父亲，甚至都不屑看一眼呢。

平　井　确实是啊。

水 谷 我叫水谷猿子，是一名插画家兼漫画家。我经历过一次失败的婚姻，有过离婚经验。其后与对象保持同居但不结婚的关系，并将自己的体验创作成漫画，或是在专栏中讲述。可能因为我一直在分享"如何创造适合自己的家庭"，所以这次才受邀参加了上野老师的课堂。

平时我总会思考：应该如何度过婚姻生活，才能不给任何人造成痛苦，更好地经营家庭呢？而上野老师用学术方法解释了我脑子里模模糊糊的想法，还用统计数据进行了明确的佐证。对此，我特别感动，同时也觉得应该早点儿学习这方面的知识。

我们夫妻二人都有工作，尽量平均分配家务，也在实践如何让男性进一步投入育儿过程。无论是做家务还是带孩子，我的丈夫都很积极，然而他的态度偶尔给人一种"这不是我的工作"的感觉。总之他跟我的"当事者性"[1] 是截然不同的。只要我说"我做得比你多"，他就会反驳："但我已经比别人家的父亲做得多了。"我每天都在跟他沟通，摸索如何才能让我们的

---

1. 当事者性：指针对某个问题有着个人的直接体验。（译者注）

意识站在同一阵线上，如何改善我们思想上的偏差。今天听了老师的课，我再次认识到对象的言行和思考方式并非因为个人的资质或性格，而是受到了社会结构的影响。非常感谢您。今后我还会继续学习。

上　野　从现在开始也绝不算晚。

大　津　我叫大津庆一郎，今年 38 岁，在人寿保险公司工作。跟我同龄的妻子也有一份银行的全职工作，我们有个 2 岁的儿子。孩子出生时，我作为男性罕见地请了育儿假，而且请假时间长达 8 个月。因为有过这样的经历，节目通过公司找到我，请我参加了今天的讲座。

听了上野老师的课，结合自己并没有怎么从社会学的观点去审视自身，我突然发现自己内心其实依旧存在着男女有别的刻板印象。正如刚才水谷女士说自己的丈夫，我偶尔也可能会有"我明明都做了"的心情。另外，我跟平井先生一样，平时因为负责接送孩子，跟小孩相处的时间明显更长。虽然还是可能存在孩子会不会来找我的个体问题，但是能听到您从社会学角度的分析，我觉得自己的视野一下就拓宽了。非常感谢您。

甲　斐　感谢上野老师给我们上了宝贵的一课。我叫甲斐奈津子，今年 35 岁。两年前，我辞去了外资企业的工作，一直在家当家庭主妇。我丈夫是美国人，我家的标语是 "Happy Wife, Happy Life"，因此夫妻俩过着悠闲自在的生活。我们从来不规定谁来负责特定的家务，也从不认为家庭主妇就要包揽所有家务，而是哪个人看到了就去做。

因为居住在日本，周围都是"女人就该包揽家务""家庭主妇就该包揽家务"的观点，跟我们家的风格有很大的差距。我也有那样的家庭主妇朋友，每次听到她们的抱怨，就会暗自感叹这种情况究竟何时才能改善。这次来听上野老师的课，也是希望得到一些启发。

跟美国人在一起生活，总是会遗忘上野老师在课上提到的日本的时代背景和女性一直以来所处的立场，感觉自己内心的异样感一点点地消除了。可是与此同时，我也会思考究竟该怎么样才能进一步改善现在的环境。

荒 尾 感谢上野老师给我们上的宝贵一课。我叫荒尾奈那，今年 20 岁，读大二。我跟佐藤同学完全相反，将来坚决不当家庭主妇。我希望能够兼顾自己想做的事情和家务劳动。

我在上智大学的社团研究选美比赛的改革，希望能创造一种新的形式，去年还在学校的"索菲亚选美"上做了实践。我带着"以前那种做法都过时了"的看法办了那场活动，举办后却遭到很多批判。因为研究选美改革，我开始对性别研究产生强烈的兴趣，想得到更多这方面的知识，所以来参加了今天的讲座。

听了您的课，我知道了性别研究就是搞清楚社会上那些让人感到不舒服的现象究竟是什么，也感受到了社会学本身的有趣之处。另外，上野老师最后说的"放弃祈祷，动手解决"那番话，还有在自己的有生之年去解决今生所遇问题的思考方式，我都觉得特别酷。我也希望自己在面临人生的种种选择时能够实践您的教导，真正去解决一些东西。今天真的太感谢您了。

家庭主妇·贤惠妻子·父亲与育儿

上　野　听了大家的自我介绍，我发现每个人的属性都很不一样呢。几乎没有共同点。

今天我说到主妇的劳动是非常不划算的劳动。佐藤同学现在还想主动承担那种不划算的劳动吗？还是你觉得主妇其实很划算呢？

佐　藤　在听您的课之前，其实这一切对我来说是理所当然的。

上　野　理所当然！

佐　藤　在我看来，家庭主妇并没有那么差。因为我不是当事者，所以并不了解真实的情况。我对主妇做的事情并不抵触。而且我原本就没有想过它会产生价值。

因为我是为了家庭、为了婚后的伴侣、为了孩子，也为了自己创造美好的生活，可以说从一开始就持有不一样的视角。今天听了上野老师的话，才意识到这并不是理所当然的。当然，我并没有完全改变想当家庭主妇的意愿，但现在有了一种烦恼——我转而去做有偿的劳动，难道这样就对了吗？

上野 从刚才的数据可以看到，家庭主妇的劳动时间最长，睡眠时间最短。因此家务虽然是最不划算的劳动，但是换一个角度想，家庭主妇或许也算是时间资源上的特权阶级。然而，主妇的时间是随时准备为家人服务的待机时间，并不能说是自由的时间。既然这是一场研讨会，不如请田中女士和水谷女士这些有家庭主妇经验的人，来给佐藤同学提一些建议吧。

水谷 在第一次婚姻中，我认为"付出是女性的美学"。所以我包揽了家务，每天做饭，让丈夫有干净的衬衫可以穿。我觉得这些都是妻子的职责。但自己也有梦想，我是喜欢画画才成为插画家和漫画家的，自然不想完全放弃自己喜欢的工作。我觉得这些都是能在家里做的事情，并不妨碍我为丈夫奉献。

但是有一天我突然想到，当我感到痛苦难受时，又有谁能帮我呢？接着我就冒出了疑问："欸，我为什么要做这件事？"我前夫本来不太想结婚，是我一门心思地想"我要给你幸福",逼着他结婚的。当时我这么做,单纯就是为了在30岁前结婚。但是结了婚以后,我的工作就越来越少了。因为大家都认为,做自由职业的女性在30岁结了婚肯定是"找到了好男人"。其实根本不是这样,是我自己想结婚,所以结婚了。后来我发现:"啊,我不能光想着照顾别人,也得要求别人照顾我啊!"于是我就离婚了。

我30岁结婚,33岁离婚。在那三年间,我几乎每天晚上都会反思:"自己到底想要什么样的婚姻?"不仅如此,我还在网上看了很多这方面的探讨。因此我发现:"我真是太不谙世事了!"原来我想要的其实是平时照顾别人,但是在自己难受的时候也有人来照顾我,也就是一种平等的关系。

我父母的关系非常好。母亲是家庭主妇,父亲特别温柔。正因如此,我对婚姻并没有批判的态度。家长平时教育我"女孩子也要有工作",但他们也同时对我灌输"女人就该结婚生孩子"的思想。我带着"二者都要实现"的想法做出行动,结果只换来巨大的疑问:"凭什么就我一个人要这么努力?"结婚以后我才开始思考:"我真正想做的究竟是什么?"

所以，我刚才听到佐藤同学对婚姻没有批判的态度，一时之间非常担心。

上　野　你说"付出是女性的美学"，那么对方是值得你付出的男人吗？还是说，付出只是你的自我满足？

水　谷　是自我满足。我以前有一种令人费解的心愿，就是付出那种不求回报的爱。后来我发现，单靠这个根本无法维持婚姻生活。

上　野　如果选择付出，那就是把自己当成配角。你当初结婚，就是觉得自己为了扶持这个人，甘愿当一辈子配角吗？

水　谷　完全没想过。

上　野　可是付出的实质就是这样啊。

水　谷　我还是希望自己的人生能够成功。

上　野　所以你的想法是我有我的追求，我也要为丈夫付出，我不需要别人为我付出。

水　谷　是这样的。

上　野　你不想得到别人的付出吗？

水　谷　当时真的没想过，太不可思议了。

上　野　哎呀，这样啊。

水　谷　包括这个在内，我已经反省过了。

上　野　田中女士有什么想说的吗？

田　中　这个嘛，我觉得就算是家庭主妇，那也要看有几个孩子，孩子多大了。上野老师课上提到主妇的劳动价值是每年 276 万日元时，我就在想那是养育几个孩子、几岁孩子的标准。回首自己的婚姻，虽不能说现在不幸福，但是只有夫妻二人的时期真的特别开心。我读过研究生，二人世界的感觉有点儿像跟同学一起做研究或者学习、交谈到很晚，一起出去吃饭，或是分别享受自己的生活。所以同样是家庭主妇，有没有孩子也会有很大的不同。

水谷女士刚才提道："自己难受的时候谁来照顾我？"在孩子出生后，我也有过很强烈的感慨。在我大孩子 3 岁，小孩子还不足周岁的时候，要是我腹痛想去医院看看，首先面临的问题就是"这两个孩子怎么办"。也就是说，有段时间我完全无法顾及自己的身体。

当然，丈夫回来了就能换他带孩子。虽然他不抱怨，但我还是觉得自己霸占了他的时间。虽然不至于要得到丈夫的批准，但是我发现，自己想要展开什么行动之前，竟然需要别人的认可了，而我完全无法习惯这样的状态，于是感慨以前怎么就没意识到这个问题呢？所以我建议将来准备结婚的人，一定要考虑到自己也会有痛苦难受的时候，虽然在健康的时候可能完全感觉不到有什么问题。

上　野　我提到的 276 万日元是平均值。如果照护的对象是24 小时不能离人的新生儿，或者需要高度护理的老年人，那个数值就会骤然上升。肯定不会只值这么一点儿钱，也许要 500 万日元才够。如果能拿 500 万日元，你愿意做吗？另外，在丈夫替你做那些事时，他是不是有很强烈的"我在帮你"的感觉？那明明也是他的孩子，他理应负起抚养的责任，但他是不是也给你一种"我在帮你完成你的工作，好让你抽出时间做别的事情"的感觉呢？我听说最近的年轻人特别严格，要是丈夫胆敢表现出"我在帮你"的感觉，那就完蛋了。

水　谷　一开始他确实有"我在帮你""我在支持你"的感觉。

上　野　那他的想法就是"这些本来都是你的工作，我只是在好心帮你"，而不是"这是我的孩子，我有责任抚养"。

水　谷　他会说："这是我的孩子，我爱我的孩子，所以我想带孩子。"但是他话里话外总是会流露出"我在支持你""这本来不是我的工作，但我也在做"的感觉。每次一这样，我们就会吵架。

上野　那是当然的。我这一辈的工作女性听到"我比别人家老公好多了"这种话，都会毫不留情地说："你跟别人家老公比什么，有本事跟我比啊。"没想到50年过去了，同样的场景还在上演啊。

听到这些，平井先生应该有话想说吧。（笑）

平井　是啊。其实我一直觉得，男人应该跟我一样当家庭"主夫"，这样搞不好就能实现世界和平了。当然，很多人都觉得这种观点非常极端。不知大家是否知道，女性分娩之后，情绪通常会很敏感。甚至有一种说法叫月子仇能记一辈子呢。

上野　一辈子……

平井　是的，一辈子都不会忘记。对女人来说，这就是一辈子的事情，但是男人总是很快就忘记了。其实我也忘记了。这样一来，二者之间就出现了"温差"，导致夫妻间的隔阂越来越深。

上野　月子仇能记一辈子，这件事最好提醒一下现在的年轻人。我身边有年轻情侣宣布要结婚时，我也都会提点一下男方。将来生了孩子，妻子不仅会情绪敏感，而且面对从未见过的新生儿，还会紧张得夜不能寐。若是妻子被逼到了崩溃的边缘，肯定会说："你没有帮我，我这辈子都不会原谅你。"所以我会告诉年轻情侣的男方："孩子出生后，你的行动将会影响接下来的一生，所以你务必要谨言慎行。"

平 井 我觉得您说得一点儿没错。

上 野 你能领悟这个道理，真的非常好。我一直认为，育儿再怎么说都是有期限的事情。孩子长大了就不再需要父母，父母外出时会不再想跟着去。如果不这么想，反倒是有问题的。现在的人寿命那么长，育儿结束后该怎么生活，对男性和女性来说都是个非常重大的课题。你想过这个问题吗？

平 井 这个问题嘛，我最开始说过，我是想做个试验。因为我从事的是护理行业，虽然收入不高，但相对容易复出，因此我没太有不安感。我想先大胆实践自己想做的事情，而我妻子正好也想投入她的事业，所以我们是利害一致的关系。

上 野 有资质就是不一样啊。护理行业的有效招聘率一直很高，因此想复出非常轻松。但这个行业也有个问题，就是待遇丝毫不会变好。

平 井　我都考取了介护福祉士[1]这个国家级资质证书，待遇还跟业余人士一样呢。因为人们对这个行业的偏见就是业余人士也能行。

上 野　真是太过分了。

平 井　真的很过分，真的。让人忍不住质问：那还考证干什么？

上 野　没错，真的会产生这种疑问。有人想加入这个讨论吗？

佐 藤　我的想法很简单——有自己想做的事情，真的好棒哦。我现在觉得可以先当一名家庭主妇。因为就算心里有"可能会变成这样"的想法，但我还是走不出"want to"的状态。虽不能说自断退路，但终归要把自己想做的事情实践过一遍，再去攀登下一个台阶。当然，要想成为家庭主妇，首先要有另一半。

上 野　社会学研究者可不这么想。带着体验的心情去尝试所有事物、体会所有生活，其成本是非常高的。比如平井先生的育儿实践，就很花时间。

---

1. 介护福祉士：在日本，介护福祉士（护理人员）是指凭借专业技能和相关领域知识，为因身体或精神有障碍而导致日常生活困难的人提供护理指导的人员。（编注）

我们一般会看数据。通过数据基本能够看出身边的女性都在经历着什么。除此之外，还能看出社会的变化。如此一来，自然就会明白家庭主妇绝不是什么划算的工作，而且风险很高。最重要的是，人们眼前就有活生生的例子。于我个人而言，那个人就是我的母亲。我的母亲是个不幸的家庭主妇。我猜佐藤同学的母亲应该是一位幸福的家庭主妇吧。正因为母亲幸福，你才会觉得像母亲那样活着也不错。可是这有一个前提，就是你得找到像你父亲那样的丈夫。我想，这个目标的难度应该非常高。

而我根据数据分析得出的结论是：能够找到像你父亲那样的丈夫的时代，恐怕再也不会来临了。男性的收入正在不断减少，离婚率也不断上升，婚姻再也不是一辈子的关系。虽然数据只是概率，不一定每个人都这样，但至少可以说，风险是非常高的。

佐久间女士，您作为一名经营者有什么感想吗？还是会变成重视效率的经营者？

佐久间　确实是这样。

上　野　比如员工来请产假，你会感到为难吗？

佐久间　的确会的。我日常面对着一种矛盾，就是普遍价值观告诉我必须这样，我的私心却不愿这样。以前在公司当 OL（Office Lady），所有答案都是固定的，我只要照着做就好了。现在成了经营者，所有答案都由自己来定，所以思考个人的处世原则也随之变得特别困难。

上　野　我想请教一下，你如何处理内心理想和实际行动之间的落差？

佐久间　我比较纠结的是工作与家庭、育儿之间的矛盾。我在生孩子之前就创业了，32 岁生下孩子。当初创业的目的明明是兼顾育儿和工作，但我总是被人贴上只能二者择其一的标签。比如"你肯定参加不了聚餐吧""你得早点儿回家吧"。别人关心我当然是件好事，但是我想一边积极育儿，一边积极投身事业啊！
　　虽说有想做的事情只要放手去做就好……但是身边难免会有陈旧的价值观，比如"我劝你还是别乱来""你这样会不会太过了"。每当出现这种声音，我就会深深感慨：要想坚持做点儿什么，真的好难啊。

上　野　名为"为你着想"的歧视，对吧？其实也有像菅义伟政权的公关事务主管（时任）山田真贵子那样完全不拒绝聚餐邀请的人。

佐久间 而我则是完全得不到邀请。

上　野 这对你有实际损害吗？

佐久间 有的。因为我们这一行的工作都来自与他人的交流。

上　野 山田真贵子也说过类似的话。她这么做就是为了不错过任何制造人脉的机会。不过公关工作现在很大一部分都能在线上完成了吧？

佐久间 现在的确是的。

上　野 在信息产业，人们只注重成果，至于网线另一端的人是什么性别，好像关系不大。

佐久间 我一开始的事业主要在人才领域，目的是提高女性的劳动力。后来就逐渐偏向类似于公关的，也就是方便人们购买服务，或是有相关价值的领域了。我感觉自己想做的事情和目前能做的事情好像很难联系在一起。

上　野 因为有需求才有市场，你把工作转向那个领域，是身为经营者的正确判断。

佐久间 有道理。公关是我目前能做的事情，但我想做的事情依旧是提高女性的劳动力，所以现在的问题是如何把两者联系起来。

上　野 这是个很大的挑战呢。

育儿外包·择偶条件

上　野　甲斐女士现在还是一位快乐的妻子，那么您是没有孩子吗？

甲　斐　是的。

上　野　刚才田中女士也提到，以前过二人世界真的很快乐。要我说啊，两个成年人过着住宿集训一样的生活，那能不开心吗？在那种情况下，每个人只要做自己能做的事情，就足够保持家庭运转。然而，小孩子都是非常自私的，从来不会给人时间上的宽裕。他们不仅完全不考虑大人的方便，还会要求大人迎合自己的方便。你之前说准备搬去新加坡，那你们准备在新加坡聘请临时保姆或住家保姆吗？

甲　斐　是准备这么做。我们夫妻俩在结婚时和结婚好几年后，依旧会彼此商量着决定是否要孩子，今后要不要丁克，如果要了孩子该怎么分配育儿和家务工作，每个人出多少力。

因为丈夫工作调动，我们年内就要搬去新加坡了。对于要在那边请住家保姆或用人的决定，其实是我丈夫先提出来："你不要像日本人那样全都自己包揽。"因为是搬家到国外，我多少有些不安，但是听到他那句话，我就觉得能放心去了。

上野 在签证问题上，有丈夫能拿到工作签，妻子却拿不到的情况呢。国外其实有很多日本女性因为签证类型而被禁止工作，进退两难。

甲斐 是的。

上野 新加坡是个贫富差距很大的社会，所以能够轻易找到住家保姆或临时保姆。如果日本变成那样的社会，您会毫不犹豫地做同样的事情吗？还有佐藤同学，你会选择找保姆吗？我想问问在场的所有人。

佐藤 这只是我纯粹的想象。如果我当了家庭主妇，应该不会另外请人。如果是夫妻两人都出去工作，那么请人打理家务应该很不错。

上野 一些国家的贫富差距特别大。比如印度，有很长一段时间，洗衣机在那里都卖不出去。为什么呢？因为雇人洗衣服比买家用电器还便宜。当选项摆在眼前，自己又有购买能力的时候，要想不选其实还挺困难的。

现在日本是否正在走向贫富差距越来越明显的道路上呢？变成那样的社会真的好吗？届时日本女性就会招聘用人或保姆，还是依旧坚持"我要亲手抚养自己的孩子"，绝不假手他人？对这个问题，政府今后打算如何应对、女性又会如何选择，都是我特别关心的事情。

西浦同学，你听了这些话，是否考虑过自己的将来？刚才你说"跟我想的男女平等不一样"，那么你是否觉得，男女平等就是"啊，原来女性也想变得跟我一样"？

西　浦　不，我完全不是这么理解的。比如，具体到保姆的问题，如果将来我跟妻子分配好全部的工作或金钱，两个人都觉得："不行，还是很辛苦。"那么肯定会请保姆。如果两个人合作就能忙得过来，我还是希望能靠自己抚养孩子。

上　野　你结婚时，会不会对妻子说："我要守护你一辈子"或者"我来撑起这个家"？

西　浦　不会，如果妻子希望我撑起这个家，我当然会做，但我不会不由分说地决定"这个家一定要由我来支撑"。

上　野　"对方希望我撑起这个家，我当然会做。"你对自己这么有信心吗？（笑）

西　浦　要是没信心，我就暂时不结婚。

上　野　啊？不结婚？难道没有"互相扶持"的选项吗？

西　浦　如果能"互相扶持"，我当然希望选择那个。如果对方是"希望你撑起这个家"的人，那就只能暂时不结婚了。

上　野　你的意思是取决于对方的态度。

西　浦　当然，最理想的就是互相扶持。

上　野　跟佐藤同学同一代的男生中，应该有很多人觉得一辈子守护女性或撑起一个家的负担实在太重了，想要逃避，对吧？听说现在的天皇在当皇太子的时候向雅子小姐求婚，说的是"我会守护你一辈子"，很多女性听了都特别感动。但是我心里产生了疑问——你真的能做到吗？我看现在这些年轻的男生，是不是慢慢地都说不出那句话了呀。

西　浦　佐藤同学是不是想找一个能说出"我会撑起这个家"的对象呢？

上　野　啊，还是同辈人来问最好。

佐　藤　我并没有刻意想找能够撑起一个家的人，只是想如果我喜欢上的人有能力撑起一个家，自己就当家庭主妇。如果对方没有那么大的能力，我也可以出去工作。所以不是说非要找能撑起一个家的人。

上　野　你们两位都是看对方的情况。那还挺能变通的呢。

西　浦　也许是这样的。

上　野　这时拿出社会学的数据就会发现，人们对结婚对象的需求已经改变了。在男性这边，外貌、性格和家务能力一直都占需求的前三位，不过最近"妻子的收入"排名越来越高了。全世界男性都呈现出相同的倾向，更倾心于能赚钱的妻子。所以表面上看，每个人似乎都在做自己的选择，但是看总体趋势，就能观察到宏观上的变化。如此一来，今后能说出"我会守护你一辈子"的男人，恐怕是越来越难找了。

平　井　在我们这一代和更年轻的世代中，想在日本实现那个承诺已经越来越不现实了，所以我觉得这真的是很困难的选择。

上　野　平井先生说得没错。不仅仅是自助，现在连公助和共助都是绝对不够的，所以才会引发"这要我怎么生孩子"的想法。即使生了一个，也生不起第二个，所以儿童人口迟迟上不去。这种情况可以说是人祸。因为大家选的都是主张"优先自助"的政治家。挑选那种人送进国会，当然只能招致这样的结果啊。

平井 真的像您说的这样。大概在实施护理保险的几年后吧，当时在东京，已经有越来越多人理所当然地选择使用护理保险提供的服务了。东京跟千叶不是相邻的行政区嘛，但千叶仍算地方县（有别于作为都市的东京），人们的意识还是很保守，还在坚持"子女怎么能不照顾父母"，思想完全没有进化。现在护理保险的服务应该也普及到了那边。不过可以看出那种状态是根深蒂固的，家庭主妇身上看不见的负担真的很沉重，特别吓人。

上野 直到现在，育儿还处在自助的状态，公助和共助都绝对不够。不过护理已经实现了社会化，也就是通过护理保险的形式形成了制度。一开始正如平井先生所说，很多人都觉得"搞这种东西干什么，这边的人都不会用"或者"谁放心让外人到自己家来啊"，但是没过多久，护理服务就成了世间的常识。现在几乎不再有人会因为把父母送进养老机构而感到内疚。尽管现在还有人因为护理老人而离职，但是托护理保险的福，更多的人无须离职也能照顾好老人了。等到育儿也实现了社会化，或许也有很多人无须辞去工作回家带孩子。"石井之家"就是从共助起步，逐渐开始使用公助系统的机构吧。

石井 是这样的。除了想自己创业，我还想为单身母亲和身体有残疾的人创造一个能工作的地方，并觉得这是双赢的决策。具体来说，我那里的员工可以带孩子上班。这样一来，那些工作意愿很强，但是找不到工作的母亲就能有收入，孩子也不需要找别人来带了。与此同时，"石井之家"有了那些孩子，气氛也变得其乐融融。我觉得这样特别好。

不仅是孩子，员工还可以带需要护理的老人一起上班。如此一来，她们就不需要为了照顾老人而离职，可以说好处多多。我一直在演讲等活动中宣传这种具有多样性的工作方式，希望这种宣传能够帮到带孩子的女性。

上野 "石井之家"在什么地方啊？

石井 在千叶县的习志野市和千叶市花见川区。

上野 原来已经有两处设施了呀。我也做过一些现场调查，发现运营得好的设施不仅对使用者来说是安心养老的地方，对工作人员来说也是一种归宿，能够带来极大的好处。

石 井　正是如此。

上 野　您给员工提供了令人舒心的环境吧？

石 井　怎么说呢，我觉得是挺舒心的。

上 野　作为经营者，的确不好说呢。（笑）让员工有归属感，能够激发他们的干劲。刚才您说过，社会排除了效率不高的人，而你创造的地方就是为了接纳那些人，对吧？

石 井　没错。有的人会不由自主地做出一些所谓"问题行为"的行动，如果是进行统一护理追求效率的设施，也许会拒绝接收那样的人。而我们则会毫不犹豫地接收。既然接收了，就要安排人护理，于是人工费就特别高。这个问题处理起来还挺困难的。理想、理念和经营活动总是存在着矛盾之处，让我特别烦恼。

上 野　佐久间女士和石井先生都是经营者，你们在从事经营活动时不可避免地要注重效率，从而排除效率不高的人，陷入与初衷相悖的矛盾心理之中，对吧？但是啊，即使是现在精神百倍、健康又有能力的人，将来

145

也都会变成效率不高的人。大津先生，我看你一直没有发言啊，其实人寿公司和银行都是最注重效率的地方吧。

大津 是的，没错。

上野 如果有人请长期育儿假，周围的人会怎么看他呢？我很好奇这个问题，请您说说吧。从数据上看，请育儿假的男性家长在未来能够与孩子建立起更好的关系。刚才平井先生也说，孩子摔倒时会选择父母其中一方跑去哭诉。那种时候，孩子往往会选择最能让自己安心的人。不管对方是男是女，那个人往往是陪伴自己时间最长的人。

观察日本的家庭，尤其是父亲与孩子的关系，会发现孩子在长到 10 岁之前，慢慢不再与父亲商量关乎自己人生的大事。因为他们都觉得说了也没用。对此我十分感慨：原来不参与育儿的男人都会遭报应呢。

大津 那我就说说吧，我是人寿保险公司的员工，而我妻子是银行职员。正如上野老师所说，两边都是极度追求效率的企业。事实上，我请育儿假，还有在这样的场合谈论这样的话题，都相当于一种企业宣传，让大家知道我工作的地方是一个员工可以请育儿假的好地方。对公司来说，少了我一个人并不影响业务，反倒因为有了像我这种跟别人不太一样的员工，还能宣传公司待人的灵活性。

上 野 我可以提个问题吗？大津先生请了男性育儿假后，有没有人再请那个假呢？

大 津 陆陆续续有。

上 野 那就太好了。

大 津 我们公司本来就规定每个满足条件的人必须请男性育儿假，而且态度十分坚定，所以最近这5年间，请假的人越来越多了。目前已经达到了100%。不过问题在于请假的天数。上面规定"最低也要请5天"，并且把这个当成了公司的目标。至于实际要请多少天，就由员工自行决定。

上 野 请育儿假会不会影响你的绩效评级？

大 津 对我个人的业务而言，完全不会有影响。

上 野 哦，真是个好公司呢。

大 津 而且公司员工的男女比例也很平衡，不过这可能是因为人寿保险公司的业务形态。

上 野 你跟孩子的关系怎么样？

大 津 接送孩子、做早饭、孩子放学回家的照顾，这些我都做过。按照时间来算，有段时间我跟孩子相处的时间更多，孩子也相对更亲我。现在孩子2岁了，渐渐开始懂事，因为总是见不到妈妈，所以看见妈妈就会扑过去。当然也不是说喜欢谁讨厌谁的问题。只是平时不怎么见得到，所以到了周末，孩子通常会黏着妈妈。

上　野　因为见面机会少，妈妈在孩子眼中才显得比较珍贵啊。

大　津　我有时也会产生刚才平井先生所说的，好处都被拿走了的感觉。

上　野　听说有的男性即使请了育儿假，在家里会给孩子洗澡换尿片，可是一看到孩子拉屎，还是会大声喊妻子过来，自己并不动手。

大　津　我家完全相反。是妻子跑过来说："孩子拉屎了，你去弄吧。"

上　野　哦，是这样啊。有数据显示，分娩时陪产的丈夫和请了育儿假带孩子的丈夫在日后与孩子的关系更好。我经常问有孩子的男性家长："你能说出几个孩子朋友的名字？"很多人都说不出来，因为他们根本不了解孩子的生活。很过分，对不对？女性家长则不存在那个问题。可见一部分男性家长既不关心孩子，也不关注孩子，却幻想着将来孩子会报答自己。水谷女士，请讲。

水谷 我现在的丈夫离过一次婚，跟前妻有两个孩子。他在上一个家庭也很积极投身育儿工作，很负责地接送孩子上托儿所，还做了一些别的事情。现在他的大孩子已经成年了，我的亲身经历告诉我：知道孩子朋友叫什么的父亲，即使在离婚后也能跟孩子保持交流。而且他跟正在上大学的女儿也保持着来往，二人经常有联系。当女儿说起老家那边的朋友，他会马上反应过来："哦，你说那姑娘啊。"所以两个人能聊起来。这让我切身体会到，家长在孩子小时候的参与程度，甚至会深刻影响到他与成年后的孩子的关系。

上野 就是这样。你们可能会问没生过孩子的上野怎么知道，那是因为我认真研读过数据。

各位如果还想讨论别的话题，就请畅所欲言吧。

上野千鹤子的力量之源 /
奔四与优先顺序

佐久间 我觉得日本社会是热衷于贴标签的社会，而这个国家也是单一价值观的国家。上野老师肯定也遭遇过许多困境吧。我想知道，您是依靠什么力量坚持向前，开辟道路的呢？

上　野 你说得没错，我遭遇过许多霸凌和指责。即使是现在，我依旧会收到很多人的骂评。若问我的力量之源是什么，那就是愤怒。比如奥运组委会委员长森喜朗那种人的歧视性言论，很多人都在往我的怒火上浇油，所以力量可谓无穷无尽。

但是呢，只要凑近去观察，就会发现那些指责我、攻击我的人其实都是虚张声势的人，他们实际上非常脆弱、不堪一击。一想到这种程度的人在做那样的行为，我的愤怒就会变为同情。从这个意义上说，我的宽容度高得离谱。看到一个人的背景，心想"哎呀，这个人其实也挺苦的""他一定吃过不少苦吧"，然后宽容度和理解力就增强了——这便是上了年纪的好处。（笑）

我一点儿都不觉得上了年纪就会越来越冥顽不灵。坦白说，有些年轻人反而遇事想当然，脑筋顽固得很。比如什么"付出才是女人的美学""天下夫妻都这样"，他们都被洗脑了。而那洗脑的装置，就是教育和媒体。媒体要负很大的责任。

上年纪是一个与现实的多样性发生碰撞，从而反洗脑，也就是解除被洗脑的过程，所以我上了年纪之后变得更能变通了，也变得更宽容了。自然而然地，我也就不容易生气了。

佐久间 其实每天的生活中都有许多矛盾。身为女性，身为工作者，身为主妇，还有育儿者，这些真的都要一个人承担下来。当然，我做这些的目的在于想成为让年青一代参考的榜样。

上　野 我有句话想对佐久间女士说。奔四其实已经不年轻了。我40岁那年就深深感慨过。自己的时间和能量

151

有限，所以必须给想做的事情排个顺序。排好了顺序，就能分清楚什么重要、什么不重要。这个顺序会时不时发生改变，而且我觉得它大可以发生改变。如果是现在最优先的事情，那就在上面花最多的时间和精力，对别的事情则睁一只眼闭一只眼。

佐久间 但是我有一种特别强烈的"舍我其谁"的感觉。

上 野 不贪心，也不表现出贪心。我之所以能持续活动，正因为自己是个现实主义者。我只想要自己能力范围内的东西，超出能力范围就不会奢求。女性缺乏的就是定下小目标，一样一样去完成的成就感。换言之，就是缺乏成功的体验。所以女性有时会感到很无力，产生"反正不行""也就这样"的消极想法。所以不能贪心，只考虑自己能力范围内的事，然后一样一样去完成。

老年人的作用·选择缘

石 井　时代背景改变了，小家庭越来越多，这些都是无可
　　　奈何的事情。以前的家庭都是几代同堂，生活中理
　　　所当然地存在生老病死。孩子们都在成长的过程中
　　　看着祖辈老去。他们会想：爷爷最近耳朵越来越背
　　　了，我要大点儿声跟他说话。换言之，就是自然而
　　　然地学会为他人着想。我觉得这是大家庭的一个非
　　　常大的好处。正因如此，我才希望能够创造一个让
　　　儿童、老年人和身怀各种障碍的人安心共处的空间。
　　　我也希望能够找回被人们遗忘的、日本有过的重要
　　　情感。

　　　　同样地，还有给老人送终时家中有小孩。这在过去是
　　　稀松平常的事情，大人还会把小孩叫过来，指着遗体

153

说："你快摸摸，哎呀，都凉了呢"或者"奶奶变成天上的星星啦"。如此一来，即使是很小的孩子，也能懵懵懂懂地理解家里发生了什么。这让我感到，过去的人物质生活虽然不富裕，但心灵却很充实。

上　野　石井先生，您刚才听了我的课对吧。每次听到有人讨论大家庭，我一定会想：是谁支撑着那个大家庭，当然是媳妇啊。难道你想把那个凄惨的媳妇角色再塞给什么人吗？以媳妇的牺牲为前提的大家庭怀旧和理想化，还是不要的好。

石　井　我是想在小家庭的环境中创造一个"空间"。

上　野　这个我赞同。现在石井先生正在创造的，就是不依托于血缘和地缘的集体。我将这种网络称为"选择缘"（互相选择的缘分）。集体中有各种各样的人是理所当然的，如果光有老年人，我觉得并不合理。

　　　　现在少子化[1]现象加剧，孩子的祖辈加起来有 4 个人。因为是多死社会[2]，孩子应该比过去更容易接触到高龄

---

1. 少子化：指生育率下降，造成幼年人口逐渐减少的现象。（编注）
2. 多死社会：由于高龄少子化的影响，日本目前正迎来一个死亡人数增多、人口锐减的社会。（编注）

者的衰老和死亡。

诚如您所说，死亡是最后的教育。因为在座所有人都有衰老的一天，所以让子女和孙辈看到"啊，原来人就是这样逐渐衰老死亡的呢"，也是十分重要的教育。教育的地方可以在家庭内部，也可以在家庭外部，而"石井之家"就在积极地创造那样的空间吧。我认为，在那里老去的人们起到了很大的教育作用。我希望孩子们能够亲眼看到人的衰老和死亡。

对于为残障儿童设置的特殊支援学校[1]，我持有保留意见。因为各种各样的人互相交流的空间，其实是要刻意去制造的。愿意制造那种空间的人，都是有志之士。所以被我称为"选择缘"的关系，在两泽叶子那里就被称作"志缘"（缘于志向的缘分）。这种关系绝不是以前的大家庭关系，也非地缘和血缘关系，而是"另一种缘"。如果各地都能建立起这样的空间，那就太好了。

"石井之家"便是这样的空间。现在我们总算有了创造空间的基础，那就是我所说的"共助中心"，也就

1. 特殊支援学校：日本一种为残障学生专门设立的特殊教育学校。（编注）

是市民社会中心。我的意思是，这件事交给官家"不太行"。（笑）

石 井 谢谢老师。

对妻子的尊重

甲斐 我跟美籍丈夫一起生活，会感觉到他有很突出的美国人特征，比如妻子做了什么事，他都会表示感谢，可以看得出他的成长背景中有着对女性的尊重。在日本，我作为社会人工作了 10 年出头，虽然说不是完全没有，但真的很少感受到那样的尊重。日本虽然制定了男女平等的目标，但是转变想法需要时间，我觉得想要被当作一个人平等地相处真的好难啊。然后我也会想，该怎么才能普及那种思考呢？如果老师有什么提议，我很想听听。

上野 我并不想把这个问题归结为文化的差异。如果用文化差异来解释，日本就永远改变不了。其实就在半个世纪前，美国也是一个极其保守的社会。答案非常简单。因为日本的丈夫根本不尊重妻子。我们见到的第一对成年伴侣，就是自己的父母。孩子们在学习父母关系的过程中，会产生希望变成父亲或希望变成母亲的想法。如果近在眼前的异性伴侣之间有着丈夫不尊重妻子的关系，那么孩子也会把它学过来。

为什么女人会选择不尊重自己的男人呢？因为社会结构迫使她们只能做这样的选择。听说东大女生都会故意装成笨蛋，不想听人夸奖"你好厉害"，只想被夸奖"你好可爱"。到头来，那些脑袋空空又可爱的女生能得到"女子力"更高的评价。那么，"可爱"究竟是什么呢？其实是"我不会凌驾于你之上"。从男人的角度来看，就是"好把握、好应付、好控制的女人"。我很想问，被那样的男人选上有什么好高兴的？选那种女人有什么好开心的？我认为被爱就是被珍惜，而被珍惜就是被尊重。所以最基本的办法就是，女人不要选不尊重自己的男人，男人也应该选择自己能够尊重的女人。甲斐女士的问题问得很好。

大　津　对于甲斐女士的问题，我也想说几句。我认为我是很尊重妻子的，但是在二十几岁时并没有那么高的意识。在我结婚 10 年后，孩子还没出生时，社会开始普及应对能力和多样性。现在要说赚钱能力，妻子和我基本是对等的。照这样发展下去，妻子甚至可能发展得比我好。因为这样的变化，我不是说妻子能赚钱所以尊重她，而是在一起生活了 10 年，其间她有了越来越多值得我尊重的地方。从这个意义上说，我 20 多岁的时候可能并没有关注到那方面的问题，也可能时代尚未发展到那个程度。相比 10 年前，我现在不仅更尊重妻子，也更尊重全体女性了。

上 野 大津先生真有眼光。人生很长，所以人是会改变的。曾经能够尊重的人，到后来有可能不再值得尊重，但是反过来，也可能在经历困境之后目睹一个人的变化，内心感叹："原来她这么有力量啊。"

如果再也无法尊重自己本来尊重的人，大可以结束那段关系哦。

大 津 我觉得现在确实多了这样的选项。

上 野 有时在并肩应对人生曲折的过程中，会发现自己的伴侣原来有这样的一面，然后对其倍加尊重，但有时也会反过来。毕竟人生真的很长。朋友关系也是一样的。并不是说两个人曾在同一个班级就能成为朋友，正因为在人生的种种节点目睹了"哦，原来那个人会这样选择"，对其产生尊重，友情才可能变成超过半个世纪的佳酿。那种尊重也可能会因为一时的失望而结束或是中断。

我就是用如此严格的目光一直审视着同行的前辈，所以一想到别人也有可能在这样审视自己，就会挺直身体。自己能否保持现在的状态，我无法保证。也许转天就会像森喜朗那样说错话被群起而攻之。有时我不经意间说出一句话，就会被人骂歧视主义者，总是会踩到地雷。我在网上的评价很差，很多人都说"上野是过气网红"。每个人都会发生变化，除非特别小心，否则很难一辈子保持同样的姿态。

大　津　谢谢老师。不过时代的确在变化，或者说上野老师在推动那个变化，我们的想法也在随之改变。男性对女性的看法和想法都跟以前很不一样了……

上　野　是呀，确实发生了变化，所以自己也要随之变化。

男女平等的前方·给下一代的寄语

水 谷 我还有一个问题。现在对于男女平等问题，主要关注点是女性受到了歧视，等到今后越来越多女性走上社会，平等程度更高的时候，男性能得到什么好处，他们又会怎么想呢？比如像平井先生这样的"家庭主夫"，曾经肯定会有人说："欸，那个人明明是个男的，却在家里操持家务呢。"等到男女平等的程度更高时，男性的选择会不会也变得更多呢？我觉得，这对男性来说其实也是很有好处的。

上 野 其实任何社会的变化对于现状而言都是功过两论的，女人有得有失，男人也有得有失，理所当然罢了。正如您自己已经给出的答案，男女平等的程度更高时，男性的选项也会增多，可以不用勉强自己，不用逼迫自己努力，无须背上过重的负担。

举个例子，一个家庭里媳妇自然是负担最重的，但是日本还有不少男人也因为"你是长子"的诅咒吃了不少苦。今后这种负担慢慢消失，男性肯定也会感到一身轻松。他们可以示弱，也可以互相扶持着活下去了。目前看来，我认为男女平等的进一步深化对男人和女人都只有好处。

只不过，男人还享有与生俱来的既得利益，想必有的人是不愿意放弃这个的。反对定额制[1]的人会跳出来说这是反向歧视，而我的看法是："你们都享受了这么多年的既得利益，偶尔让一下有什么不行的。"我觉得女性就该有这样的厚脸皮。当然，男性可能会说，他们虽然享受了既得利益，但也承担了相应的责任。

不过，女性为了摆脱"女性气质"搞了这么多女性运动，男性却很少搞男性运动。没有男性运动，证明男性并不想从"男性气质"中解放出来。换言之，那里

---

1. 定额制：quota system，按事先规定的数额或百分比从不同类型的应选者中擢选某些人员的选拔制度。目的在于贯彻落实某些政策、原则（如民族政策、妇女政策等）。

面有着让他们难以割舍的好处。我很怀疑，究竟是多么大的特权，让他们即使背负重担，即使被压力熬出了胃溃疡甚至癌症，即使平均寿命更短，也始终不愿放弃。因为我不是男人，真的理解不了。

其实那只是他们梗着脖子不愿意放手，要是真的放了手，搞不好会发现自己此前死死抓住的东西根本算不了什么。

男人的谜题必须由男人来解开。我们女人不断展开当事者研究，并创立了女性学。女性学是女人为女人创建的女人的学问，男人也可以去搞他们的男性学，研究一下男人是什么样的生物，在各种场合下会产生什么样的感情。

比如，他们因见到烂醉不省人事而失去了抵抗能力的女生，为什么能勃起？如果被放进战场慰安所跟别的士兵一起排队射精，你也能做出同样的事情吗？这些都是未解之谜。所以我到处去问别人。那些男人都说："我做不到。""我不知道。"我不知道他们说的是不是真心话，也不知道我的样本是不是过于单一。其实那些士兵也是普通的男人。是不是无论什么人只要处在那种情况下都会做同样的事情呢？这个谜题还是需要当事者来解答。我希望男人好好搞搞男性研究。最近出现了一种叫作"masculinity studies"（男性性研究）的东西。男人在什么情况下会被激发性欲，在什么时候会避孕，在什么时候会进行不负责任的性爱，男人为何殴打妻子，殴打时是什么心情？终于有男人站出来说出真心话了。世界上充满了谜团，其中还有很多谜团亟待解答，所以做研究是一件快乐的事情。

佐久间　今天上野老师以"最后的讲义"为题，谈论了过去、现在和未来。那么在最后一刻，上野老师想要传递给我们的信息是什么呢？

上　野　你真的想让这节课变成我的最后一课？（笑）这本书（《女生怎样活？——上野老师，教教我！》）是我最新出版的作品，而且我认为能在这个时期出版真的特别好。我现在也属于高龄人士。活了七十多年，人真的会切实感受到这个世界看似不变，实则改变了许多。因为那些改变不是自然发生的，而是我们亲手推动的。这本书讲的就是"其实世界发生了这么大的变化，而且那都多亏了有这样一些人。你猜女员工不再被默认要端茶倒水是谁的功劳？当然是那些勇于站出来作斗争的女性的功劳啊"。而我通过它想要传达的，就是

"所以你也能改变"的信息。

"我们都改变了，我们前面的姐姐们也是这样改变过来的，所以你也能改变。"

我年轻时曾想：是谁让世界变成了这样？然后抬头一看，发现那些做出决策的人，竟然都是满肚子黑水的大叔。于是我又想：这帮男人好烦。因为觉得"好烦"，我就朝他们扔石头，扔真的石头。

不过啊，现在我也是高龄人士了。年轻人还不用承担任何社会责任，要是这样的年轻人向我逼问："是谁让世界变成了这样？"我只能说："对不起。"

"不是我没有努力，不是我没有加油，但我真的势单力薄。我只能做到这样。真的很对不起。"但我还是要告诉下一代："我已经做到这样了。"想必将来的某一天，你们也会被后来者逼问："是谁让世界变成了这样？"我真希望能够交给你们这样一个世界，让你们无须再说"对不起"。这就是我最后想说的话？不过在我死前，我会不断地说。

感谢各位陪伴我这么长时间。如果还有机会，希望能与各位再会，看看你们几年后的样子。

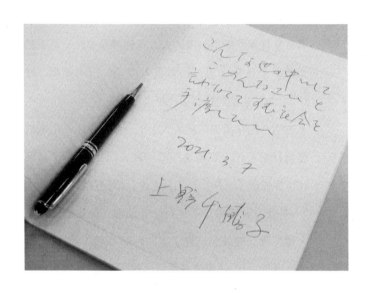

我希望能够交给你们这样一个社会，让你们无须再说："真对不起，是我让世界变成了这样。"

2021-3-7 上野千鹤子

文献目录

上野千鹤子 . 性感女孩大研究［M］. 光文社，1982.（岩波现代文库，2009）

上野千鹤子 . 解读主妇论争·全记录 I & II［M］. 劲草书房，1982.

岩男寿美子，原弘子 . 女性学入门［M］. 讲谈社现代新书，1979.

伊藤雅子 . 主妇与女人——国立市民公馆市民大学研讨会记录［M］. 未来社，1973.

上野千鹤子 . 父权制与资本主义——马克思主义女权主义的地平线［M］. 岩波书店，1990.（新版，岩波现代文库，2009）

上野千鹤子 . 照护的社会学——走向当事者主权的福利社会［M］. 太田出版，2011.

莉迪亚·萨金特 编，田中和子 译 . 马克思主义与女性主义的不幸婚姻［M］. 劲草书房，1991.

都留重人 . 现代主妇论［J］. 妇人公论，1959.（收录于上野千鹤子《解读主妇论争 I》，1982）

冈野八代 . 女性主义的政治学［M］. 三铃书房，2012.

玛莎·芬曼，上野千鹤子 审译 . 家庭：超载的方舟——后平等主义的女性主义法理论［M］. 学阳书房，2003.

落合惠美子 . 致 21 世纪的家庭——家庭战后体制的审视与超越［M］. 有斐阁选书，1994.（第 4 版，2019）

大泽真理 . 超越企业中心社会：用"性别"解读现代日本［M］. 实事通信社，1993.（岩波现代文库，2020）

上野千鹤子 . 为了活下去的思想［M］. 岩波书店，2006.（新版，岩波现代文库，2012）

中西正司，上野千鹤子 . 当事者主权［M］. 岩波新书，2003.

上野千鹤子 . 女生怎样活？——上野老师，教教我！［M］. 岩波书店，2021.

图书在版编目（CIP）数据

无薪主妇 / （日）上野千鹤子著；吕灵芝译 . —— 北京：北京联合出版公司，2023.8
ISBN 978-7-5596-6994-0

Ⅰ . ①无… Ⅱ . ①上… ②吕… Ⅲ . ①妇女学—社会学—研究 Ⅳ . ① C913.68

中国国家版本馆 CIP 数据核字（2023）第 111274 号

最後の講義 完全版 上野千鶴子 これからの時代を生きるあなたへ安心して弱者になれる社会をつくりたい
© Chizuko Ueno, NHK, TV MAN UNION, INC. 2022
Originally published in Japan by Shufunotomo Co., Ltd
Translation rights arranged with Shufunotomo Co., Ltd.
Through BARDON CHINESE CREATIVE AGENCY LIMITED
Simplified Chinese translation copyright © 2023 by Beijing Xiron Culture Group Co., Ltd.
Cover illustration copyright © Kelley Clink.

北京市版权局著作权合同登记 图字：01-2023-2827 号

无薪主妇

作　　者：（日）上野千鹤子
译　　者：吕灵芝
出 品 人：赵红仕
责任编辑：夏应鹏

北京联合出版公司出版
（北京市西城区德外大街 83 号楼 9 层　100088）
河北鹏润印刷有限公司印刷　新华书店经销
字数 92 千字　787 毫米 × 1092 毫米　1/32　印张 5.5
2023 年 8 月第 1 版　2023 年 8 月第 1 次印刷
ISBN 978-7-5596-6994-0
定价：55.00 元